「食」の図書館

# ピザの歴史

PIZZA: A GLOBAL HISTORY

CAROL HELSTOSKY
キャロル・ヘルストスキー【著】
田口未和【訳】

原書房

目次

## 第2章　アメリカのピザ　69

［……］は翻訳者による注記である。

序章◉

# シンプルで複雑なピザ

## ◉文豪デュマが見たナポリ

フランスの著述家で紀行作家、また美食家としても有名だったアレクサンドル・デュマは、1835年にイタリアのナポリを訪れ、そこに住む貧しい人々の習慣と生活を観察した。のちに出版された『ル・コリコロ *Le Corricolo*』(1843年)のなかで、彼はこうした下層民衆のことを「ラッザローニ」と呼んでいる。見かけのみすぼらしさが、聖書のたとえ話に登場する貧者ラザロを思い出させたからだ。ラッザローニはふたつの食べ物で生き延びている、とデュマは断言した。夏のスイカと、冬のピザである。

読者へのピザの説明として、デュマは以下のように書いている。

まず、見かけはとてもシンプルに見える。貧民と労働者は朝食にも昼食にも夕食にも、フラットブレッド［パン生地を平らにのばして焼いたもの］にさまざまな具材をのせて食べている。ピザはパンの一種だが、１枚丸ごと買うわけではない。手持ちの金で買えるだけの大きさに切り分けてもらう。

売っているピザの種類はじつにさまざまで、オイルやラードを塗ったもの、トマト、小魚、チーズをのせたものなどがある。バラエティに富んだトッピングとその人気からわかるのは、ラッザローニの好みだけではない。ピザの材料を見れば、ナポリで手に入る食材とその値段がわかる。そして、特定の食材が手に入るかどうかで、ナポリ周辺の農産物の収穫状況や経済の健全さもわかる。

このように、ピザは郷土料理の例として興味を引くだけでなく、「食に関する市場の成熟度」、ひいてはナポリ社会の成熟度を測る尺度にもなった(1)。デュマはさらなる観察結果を踏まえて、こう書いている。ピザは見た目ほどシンプルな食べ物ではない。じつはとても複雑な食べ物で、ピザそのものだけでなく、ピザを食する社会についても多くを語ってくれる。

ピザスタンドに並ぶ女子縄跳びチームの少女たち。カナダ、オンタリア州リーミントン。

## ◉ナポリから世界へ

もちろん、ピザ自体はシンプルな食べ物だ。私たちはふだん、深く考えることもなくピザを食べている。友人同士や職場の同僚グループ、家族が集まって、昼食か夕食、またはおやつに何を食べようか考えるときには、ほとんど当たり前のように「ピザにしよう」の言葉が口をついて出る。週に何回も、あるいは毎日ピザを食べるという人もいるだろう。かつてナポリの貧しい人たちの主食だったものが、今では世界中で大人気のファストフードになった。世界中のものすごい数の人たちが、シンプルで手軽な食事としてピザを食べている。

しかし、よくよく考えてみれば、たしかにピザはデュマの言葉どおり、見かけより複雑な食べ物かもしれない。

その人気がナポリから世界中に広まるにつれ、ピザの形と味は、ときに劇的に変化した。文化の異なる社会ではピザがもつ意味合いも変わる。シンプルな軽食としての役割以上に何かもっと大きな意味が加わっていくのである。

ナポリ人にとって、ピザは生き延びるための食べ物として生まれ、のちにはこの町の歴史、あるいは伝説の一部になった。イタリアのほかの地域の人々にとっては、ピザはよその土地から入ってきた魅力的な食べ物であり、やがてイタリアの食文化に欠かせない、祝福し、称え、守るべき遺産になった。他国に渡ったイタリア移民にとっては、ピザは生計を立てる手段になるとともに、故郷との絆《きずな》を保つものになった。

そして、イタリア人以外にとって、ピザはエスニックフードであり、さまざまな工夫や実験が可能な真っ白いキャンバスになった。ピザが新しい土地で新しいグループの人たちに受け入れられると、彼らはそれを自分たちの好みや、おいしい食事や軽食についての考えに合わせてアレンジする。イタリアを代表する食べ物として紹介されることが多いものの、ピザは世界の食文化の洗練度を測る尺度になったのである。

トッピングにはマスタード、果物のキウイ、バーベキューチキンのような、ピザとは無縁だった食材まで使われるようになった。こうして今では、トマト、モッツァレラ、バジルをのせた伝統のマルゲリータ・ピザを好む人もいれば、スイートコーン、ツナ、マッシュルーム、タマネギ、ケイパーをのせたにぎやかなピザを好む人もいる。

## ◉イタリアのピザ——概観

本書ではピザというシンプルな食べ物を、少しばかり複雑に考えてみようと思う。この2000年ほどのピザの歴史のなかで、人々がこの食べ物をどう扱ってきたのか、その豊か

注文を受け、ペパロニ（サラミ）をトッピングする。

な物語を紹介する。

第1章ではまず、ピザがなぜ、どのように18～19世紀のナポリで人気の日常食になり、20世紀にイタリア全土に広まっていったのかを振り返る。

ナポリの民衆のあいだで人気が高まったピザは、やがてほかの地域でも注目されるようになった。評論家たちは最初のうち、ピザを貧民の卑しい食べ物とみなしていた。ピッツェリア［おもにピザを提供する料理店。専門のピザ焼き職人がいる］に集まってくるのは、午後いっぱいピザを食べながらだらだら時間を過ごしている連中か、そうでなければピザを買えるだけのお金もなく、ものほしそうにながめている連中ばかりだ、と彼らは記事にした。

ピザは第二次世界大戦後まではローカルフードの域を出ることはなかった。その後、国内外への移住者の増加と観光業の発達によって、すべてのイタリア人——南部人も北部人も、金持ちも貧乏人も、老いも若きも——にとっての食の遺産になった。驚くことではないが、近年はイタリアの食通たちからも評価されるようになり、「本物」のナポリ・ピザを大量生産化や絶滅の危機から守るための運動も始まった。

イタリアの過去の一部を保存するひとつの方法として伝統のピザを守ろうという動きは、いくぶんぎくしゃくしながらも、ピザ作りにもっと独創的なアプローチを取り入れようとする動きと共存している。いずれにせよイタリア人は、世界への食の贈り物となったピザを愛し、誇りに思っている。

## ◉アメリカのピザ——概観

パンとトマトとチーズを組み合わせたピザはイタリア人の発明とされるが、この食べ物はアメリカに第二の故郷を見いだした。おそらくピザは、ナポリの地方食からイタリア系アメリカ人と結びつくエスニックフードになり、それからイタリアを象徴する食べ物になった。第2章では、アメリカにおけるピザの歴史を振り返る。

ナポリからの移民はニューヨーク、ボストン、そしてコネティカット州ニューヘヴンなどの都市にたどり着いた。そして、イタリア国内での動きと同じように、ピザはローカルフードの枠を超え、第二次世界大戦後にはアメリカ全土で人気の食べ物になっていた。

戦後のアメリカ人は技術の進歩と起業家精神を力に、ピザの製造・販売の技術をみがく。これによってピザ人気は広まったものの、おかげでエスニックフードとしての特徴はいくぶん失われた。企業や広告会社の重役はピザを庶民向けの〝つつましい〟食べ物として印象づけようとしたが、ピザ製造はほんの20～30年で数百万ドル規模の産業に成長した。その過程で、アメリカ人の意識のなかに、ピザという食べ物がしっかり刻み込まれたのだ――童話のテーマとして、大学生の主食として、あるいはハリウッド映画のワンシーンとして。

アメリカでは、ピザはもう単にイタリアを代表するエスニックフードではない。高級グルメであり、ノスタルジックな郷土料理であり、やみつきになる食べ物であり、家族の食事に欠かせないものでもある。計算では、アメリカ全体で1日に100エーカー分（約40万平方メートル）の広さに相当するピザが消費されていることになる。1秒あたり350切れ、ひとり年間46切れだ。アメリカ人はイタリア人と同じくらいピザを愛している。しかし、第2章で述べるように、このふたつの国の人々はピザをまったく違う方向に進化させ、アメリカのピザは歴史的にも経済的にも独自の道をたどることになった。

ピザの歴史的、文化的な意味合いは、時代とともに、また地域ごとに変わってきたが、イタリアとアメリカに関していえば、その人気の背景には共通する経済的パターンがある。当初、ピザは都市に住む貧しい人々の食べ物だった。何より値段が安かったからだ。さらに、基本的な材料はさまざまな組み合わせが可能で、味にバラエティがあったから、頻繁《ひんぱん》に食べても飽きることはなかった。

イタリアでもアメリカでも、やがてピザの人気は中流階級に（のちには富裕層にまで）広まり、第二次世界大戦後には新たな娯楽文化にぴったり合うという理由でピザを楽しむ人たちが増えた。外食が多くなった個人や家族のための手軽な食べ物として好まれるようになったのも、この時期のことだ。余暇の時間が増えたことで、人をもてなしたり、旅行をしたり、自宅で新しい料理を楽しんだりする機会が増えると、パーティーやイベントの料理としても人気が出た。

中・上流階級はピザに彼らなりの意味を加え、「生き抜くために欠かせない食べ物」から「手軽な軽食やパーティー用の食べ物」に変えていった。余暇を楽しむ余裕ができたことが、これまでとはまったく異なる層の人たちのあいだでピザがもてはやされる理由になったのは間違いない。つまり、高収入で、社交や旅行の機会が多い人たちだ。この新しいピザ消費者層が、ピザを大量生産される出来合いの食べ物にすると同時に、個性豊かな高級グルメフード

世界最大のピザの記録を破ろうと、ボランティアたちの手で何エーカーもの広さに並べられたピザ。オーストラリア、クイーンズランド州の運動場で。

にもした。

## ◉世界のピザ――概観

第3章では、ピザの変化を世界的な視点でとらえ、世界へのピザの普及を、おもにフランチャイズ店やレストランチェーンの拡大という側面から追うことにする。

イタリア移民を通して、あるいはアメリカのフランチャイズ店の海外進出を通して、ピザは今では世界中に広まり、どこでも手に入る食べ物になった。国際的に孤立した北朝鮮でさえ、国民が飢えに苦しんでいた1990年代に、指導者の金正日《キムジョンイル》がイタリアのピザ職人を招いて、ピザを作らせていたという。(2) 社会主義体制が崩壊したロシアと東欧でも、最初に入ってきた〝資本主義的〟な軽食のひとつがピザだった。最近では、ピザハット・ポーランドの広告がインド風ピザを宣伝し、インドのピザハットのウェブサイトはオーストラリアの漫画を使ってスペシャルピザを宣伝している。

こうした現象のすべてが、ピザとは本当のところ何なのかという疑問を投げかける。ピザはアメリカの食べ物なのだろうか？　イタリアのものだろうか？　それとも、ポーランド、インド、オーストラリアのものだろうか？

ピザはグローバル化によって、逆に地域色の強い食べ物へと進化してきたように思える。その土地の消費者が自分たちの好みに合ったピザを作りだしているからだ。それでも、今のところはまだ、イタリア生まれの食べ物として、またある程度はアメリカの食べ物として認識されている。そして、世界中で食べられているため、ユニバーサルフードとしての性格も備える。

アレクサンドル・デュマは正しかった。ピザはシンプルな食べ物として生まれ、今でもそれは変わらない。フラットブレッドにトッピングを加えて焼き、丸ごとか切り分けて売る。ただそれだけだ。多くの食べ物がそうだが、ピザもまたその起源はつつましいもので、ナポリでもニューヨークでも、貧困層や労働者階級が食べるものだった。値段が安かったので、手軽で便利だったのだ。ときにはもっと上の階級の人たちが（たいていはおもしろ半分で）食べてみることもあったが、中流階級のあいだでピザが人気になったのは、多種多様な食べ方ができたからだ。

子供たちに好まれ、家でもレストランでも食べることができ、トッピングが豊富で、ふだんの食事にも特別な日の食事にもなったので、家族みんなが満足した。バラエティに富んだアレンジができるからこそ、便利な食べ物として好まれ、それが世界中で受け入れられる理由にもなった。というのも、たとえどんな材料をのせても、それをピザと呼ぶことができた

ピザのグローバル化。ポーランドにあるアメリカのフランチャイズ店が、インド人のモデルを使ってピザを宣伝している。

からだ。こうして、世界の人々にとって、ピザはイタリアとアメリカ、グローバルとローカルの両方を象徴する食べ物となり、外国の食べ物にも身近な食べ物にもなった。

しかし一方、こうして世界的な人気が高まるにつれ、本当のピザとは何かをめぐる議論が巻き起こった。

平らなパンに何かのせているものはすべてピザなのだろうか？

それとも、決まった方法で作られた伝統のナポリ・ピザだけが本物なのだろうか？

ピザは安上がりの食事なのだろうか？

それとも贅沢《ぜいたく》な食べ物にもできるのだろうか？

もっとも重要な特徴は、味なのだろうか？

それともバラエティに富んでいることなのだろうか？
アレクサンドル・デュマはここでもやはり正しかった。ピザはじっくり考えれば考えるほど、複雑になってくる……。

## ●古代のフラットブレッド

この本では「コロンブス交換」［コロンブスによるアメリカ大陸発見以降の東半球と西半球の広範囲の交流］後に生まれたピザの歴史をひもといていく。コロンブス交換によってトマトがヨーロッパに持ち込まれたことで、現代のピザ（パン、トマト、チーズ）が生まれた。しかし、もしピザを何かの食材をのせたパンと定義するなら、古代のギリシア、エジプト、ローマのどこでも、何らかのトッピングを加えたフラットブレッドを食べていたし、もっと古い時代までさかのぼれば、新石器時代の部族は熱した石の上でパン生地を焼いていたことが考古学的証拠からわかっている。

古代のピザは小麦、水、オリーブオイルを混ぜた生地を石の上で焼き、オイル、ハチミツ、ハーブ、ときにはこってりしたソースをかけて食べるものだった。地中海周辺の全域では、毎日の主食として、また儀式用の食べ物として、パンが作られていた。遊牧民族は醗酵させないパン、定住民族は酸酵させたパンが多かったのは、パンを酸酵させ膨らませる技術が発見され、その方法が広く伝えられたとき、定住民族には酸酵するまで待つ時間的な余裕があったからだろう。

このように、ピザは現在の世界のどこにでも見つかるフラットブレッドの家系のひとつの枝で、ピタパン、インジェラ（エチオピア）、ラヴァシュ（アルメニア）、トルティーヤ（メキシコ）などの親戚にあたる。フラットブレッドはそれだけで食べることもあれば、チーズやスープとともに、またはソースをかけて食べることもある。

古代世界のどこかで、誰かがフラットブレッドを食べられる皿として使うことを思いついた。上にソースをかけたり、いくつかの食材をひとつにまとめるために使ったりしたのだ。イタリア半島では、先住民であるエトルリア人がパンにトッピングで味をつけ、それをグレービーソースやスープを含ませて食べていた。古代ギリシア人はパンに直接具材をのせて焼くことを思いついた。その方法で焼き上げたパンは「プラクントス（皿）」と呼ばれ、メインコースの一皿になった。古代ローマ人は、エトルリアとギリシアの両方のピザを受け入れ、そのいいところを組み合わせて風味豊かなトッピングで楽しんだ。

たとえば、古代ローマの「プラセンタ」は小麦粉から作られた丸いパイで、その上にチーズ、ハチミツ、ローリエ、オリーブオイルを混ぜたものをのせた。ローマ帝国がイタリア半島全土、さらにはヨーロッパへと領土を拡大するにつれ、こうしたトッピングしたパンを作り、食べる習慣も広まっていった。だから、イタリアの「フォカッチャ」はフランスの「フーガス」とよく似ている。

これらの古代のフラットブレッドは「ピザ」と呼んでよいかもしれない。食べられる皿の上に食材をのせた食事、パンを皿や容器として使うというピザの基本的な考え方を具体化しているからだ。

フラットブレッドを皿として使うというアイデアが広い範囲で見られたのは、便利であること――おそらくは持ち運びやすさや、経済的な必要から――が、古代の食習慣の特徴だったからだろう。パンを皿として使うのは、皿を買えない人たちにとっては便利だったし、つねに移動している人たちにとっても便利だったはずだ。

古代ローマの詩人ウェルギリウスの叙事詩『アエネーイス』に登場する、英雄アエネーイスと彼に付き従う武将たちの一行もそうだった。「英雄は木陰の草地に腰を下ろすと、小麦で作ったケーキを皿代わりにして、その上に森でとれる果実をのせた。……腹を空かせた一行はかぐわしい香りの果実をすぐにたいらげ、ついには小麦のケーキにまで食らいついた。……なんと、皿まで食べてしまったではないか(3)」。これらのフラットブレッドはピザの祖先とも呼べるかもしれない。なぜなら、それはふつうのパン以上の役割を果たしたからだ。ハーブやマッシュルーム、ソースを上にのせれば、立派な食事になった。

このように、古代のフラットブレッドは時間をかけて作られ、作り方も工夫された。パン作りを計画的に行なうこととトッピングを加えることが、ピザ（pizza）という言葉の語源になったのかもしれない。

一部では、ピザという言葉は「（指で）つまむ」を意味するpizzicare（ピッツィカーレ）から派生したと考えられている。トッピングを支えられる適切な形と大きさにするには、生地を指でつまんで形を整える必要があったからだ。そのため、こうした古代のピザを作るには、ほんの少し多く時間がかかった。

もちろん、ピザという言葉が、フラットブレッドを意味するギリシア語、アラビア語、あるいはヘブライ語からきていると考える人もいるし、ラテン語のpiceaが語源だと主張する人もいる。「焦げた」を意味するこの言葉で、焼いたパン、あるいは古代のピザの底の色と質感を表したのかもしれない。

## ●中世の「トルタ」

中世のイタリアでもフラットブレッドの「フォカッチャ」が食べられ、手近な食材を何でものせた。塩、ハーブ、オイル、ラード、野草、キノコが多かったが、たまには肉や魚をのせることもあった。

それ以外に「トルタ」と呼ばれるものが作られた。これがおそらく、現在のピザにもっとも近い親類になるだろう。イタリアの「トルタ」、つまりパイは、中世にはどの社会階級の人々にも食べられていた。洗練された晩餐会で出されるのであれ、隠者の食事であれ、トルタは生地にほかの材料を加えて焼くという点では共通していた。

当初、クラスト［ピザの生地部分］自体は食べるのではなく、材料を入れる容器として使われた。その後、ルネサンスの時代に、料理人たちがクラスト部分まで食べられる料理としてトルタを提供しはじめた。多くのイタリア料理と同じように、トルタ、そしてのちのピザは、準備の手軽さと、風味の多彩さ、そして、なかに詰めるのであれ、上にのせるのであれ、ほんの2、3の材料だけで作ることが特徴だった。

古代と中世のピザは、地元で手に入る食材を使うのが基本だったが、現在私たちが知るピザは、世界中の食材がミックスされている。小麦は中東から、オリーブオイルとオレガノは地中海地方から、トマトは南米から、バジルはインドから、水牛（モッツァレラチーズを作るため）は、アジアから伝えられた。このように、古代から18世紀まで、ピザの上には世界中のさまざまな地域から集められた材料がのせられてきた。なかには数千キロを旅してやってきたものもある。

しかし、この本の旅はイタリアのナポリから始まる。現代の形になった最初のピザがラッザローニたちの腹を満たしていた場所である。アレクサンドル・デュマが書いているように、彼らはお金さえあればいつでもピザを食べていた。

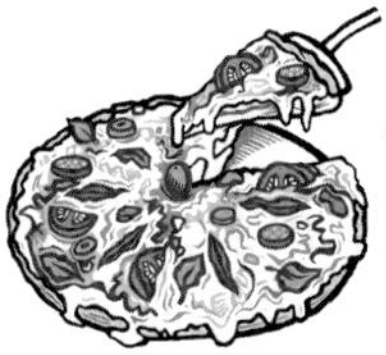

# 第1章◉イタリアのピザ

## ◉ピザの祖先

私たちの物語はナポリで始まり、ナポリで終わる。というのも、イタリア全体でのピザの歴史となると、その始まりはほんの数十年前のことになってしまうからだ。第二次世界大戦後しばらくして、ようやくピザはイタリア全土で知られるようになった。ナポリでピザがよく食べられるようになったのは18世紀のこと。安くて栄養価の高い食べ物だったことが、この町に住む貧しい民衆のあいだで人気になった理由ともいわれている。

たしかに、イタリア半島とシチリア島の全域で、都市の労働者も地方の農民も同じようにフラットブレッドを食べていた。フォカッチャ、スキアッチャータ、ピアディーナ、ファリナータ、パネッレなど、フラットブレッドの種類はさまざまだ。おそらくナポリのピザにもっとも近い親戚は、シチリア島のスフィンチョーネだろう。これは、1枚か2枚の生地の上にトッピングを加えた風味豊かなパイのことだ。

これらのパンには長い歴史があり、通常はほんの2、3の食材——オイルかラード、ハーブ、塩、タマネギ——をのせているという点が共通している。フラットブレッドを見ると、18〜19世紀にイタリア料理がどう発達したかがよくわかる。経済が衰退し、政治的に不安定だったこの時代、イタリアの貧しく飢えた人々は、わずかしか手に入らない食材をうまく組み合わせて、さまざまな味をつくりだした。さらにいえば、何かのハーブか、ひとつまみの塩を加えるだけで、味にはっきりした違いが出たため、料理の名前や、どんなスタイルで食べるかに関して、イタリアの料理が徐々に枝分かれしていったのだ。

パスタを例に説明しよう。南イタリアで生まれたシンプルな料理ながら、パスタには数百もの種類があり、合わせるソースや香辛料によってその数はもっと多くなる。パスタの形によってそれに合う決まったソースはあるものの、基本的な材料（パスタと香味料）の数は少ないのに、組み合わせは無数にある。ピザもまた、イタリアの大衆料理の象徴で、フラットブレッドの上にのせる材料があるかぎり、無数の可能性がある。

現代のピザ（パン、チーズ、トマト）は、ナポリで食べられていた初期のフラットブレッドが進化したものだ。もっとも一般的で安価なピザは、ホワイトピザとでも呼ぶべきもので、フラットブレッドに、にんにく、ラード、塩をトッピングしていた。もう少しだけ贅沢で値段も少し高いものになると、カチョカヴァッロ（ハードチーズの一種で、かつては馬のミルクから作られていたが、現在は牛か水牛のミルクで作られる）とバジルをのせたものや、シラスをのせたチチニエリと呼ばれるピザがある。

## ●トマトとの出会い

いつ、どんな理由でピザにトマトが使われるようになり、私たちが現在知るようなピザが生まれたのか、正確なところはわかっていない。新世界［ヨーロッパ人にとっての新しい世界。新大陸。狭義には南北アメリカを指し、広義にはオーストラリア等を含む］からヨーロッパに持ち込まれたトマトは、イタリアでは１５４４年の記録文書に初めて登場する。ヨーロッパ人の多くはトマトには毒があると思っていたが、南イタリア人は果物として受け入れ、〝黄金のリンゴ〟を意味する「ポミドーロ pomi d'oro」というおしゃれな名前をつけた［現代イタリア語ではポモドーロ pomodoro］。

17世紀初めにはイタリアでもトマト栽培が始まっていたが、料理本のレシピに頻繁に登場するようになるのは、それから1世紀ほどたってからだ。ナポリ周辺で栽培されるトマトは、成育に好都合な火山灰地で育つためとくに甘い。現在のピザ通たちのお気に入りは、サンマルツァーノの農場で栽培されたトマトだ。

ピザについての著書があるロザリオ・ブオナッシージは、ナポリではパスタ商人がマカロニやヴェルミチェッリ［スパゲティより細いパスタ］にトマトをかけて売っていたので、ピザ職人たちもパンとトマトを組み合わせてそれに対抗したのだろうと考えている。

トマトとフラットブレッドの出合いに関しては、18世紀初めと主張する人たちもいれば（「真のナポリピッツァ協会」は、マリナーラ・ピザの誕生を1734年としている）、19世紀初めまではピザにトマトが使われることはあまりなかったと主張する人たちもいる。18世紀に創業した有名なピッツェリアには、ズィ・チッチョ（1727年）、ントゥオーノ（1732年）、カパッソ（1750年）、そして、「ピエトロ…エ・バスタ・コジ（ピエトロ…それだけで十分！）」とも呼ばれるダ・ピエトロ（のちのピッツェリア・ブランディ）（1760年）がある。

ナポリの通り。1866年。

## ◉貧しくみすぼらしいラッザローニの食べ物

18世紀半ばまでには、多くのピッツェリアにテーブルが置かれ、客が座って食べられるようになっていた。もっとも、このスタイルはナポリに駐屯するスペイン人兵士たちのあいだでは人気だったが、たいていの場合、ピザは通りで食べるか、仕事をしながら、または家で食べるものだった。たとえば、伝説によれば、腹を空かせた漁師たちが朝食にピザをたらふく食べたので、彼らにちなんだ名前のピザ「マリナーラ」（船乗りを意味するイタリア語）ができたとされる。

しかし、ピザを食べる人たちの大半はナポリの貧しい民衆で、通りの露天商からピザを買い、そのまま通りで食べた。彼らにとってピザは平日の食べ物で、日曜日には一週間働いて稼いだお金でマカロニを買うのが習慣だった。

現代のピザ好きたちは伝統のピザを求めてナポリに巡礼の旅をするが、19世紀の外国人旅行者はこの食べ物にはあまり興味を示さなかったようだ。モールス電信機を発明したサミュエル・モールスは、1831年にピザのことを不快な郷土料理と表現している。「気分が悪くなるようなケーキの一種……トマトの薄切りを一面にのせ、小魚と黒コショウ、ほかにも得体のしれない材料を散らし、下水からすくい上げてきたかのようなパンに見える(1)」。

ナポリの露天商。1890年。

ナポリの出身ではないイタリア人も、この料理についてはかなり悪い印象をもっていた。『ピノッキオの冒険』を書いた作家のカルロ・コッローディ（本名カルロ・ロレンツィーニ）は、彼が目にしたピザをこう表現した。「黒く焦げたパン生地、白っぽいにんにくとアンチョビ、黄緑がかったオイルとくたくたのハーブ、ところどころに散らしたトマトの赤。色が複雑に混じり合ったピザは、それを売っている商人と同じように汚らしく見える」(2)

ナポリの民衆はピザをありのままにとらえていた。つまり、貧しくみすぼらしいラッザローニの食べ物として。

作家のマティルデ・セラーオは、ナポリ人の生活を記録した年代記『ナポリのはらわた』（1883年）のなかで、貧しい人たちの典型的な食べ物としてピザを次のように紹介している。朝食用の小さなひと切れの値段はほんの1ペニー。2ペニー分もあれば、学校に通う子供の昼食にも十分だろう。ピザ職人たちは夜遅くまで働き、「かための生地を円形にのばし、それを煮るのではなく焼いて、その上にほぼ生のトマト、にんにく、コショウ、オレガノをのせる」(3)。

商人たちはピザの入った箱とオイルを塗ったボードを脇に抱えて通りを歩きながら売り、客の食欲と予算に応じて切り分ける。そうでなければ、通りの角にテーブルを広げて売っている。照りつける日差しにさらされたピザは、人間の客がやってくる前にハエのえさになっている。

興味深いことに、セラーオはローマにピッツェリアを開いたナポリの実業家のことも書いている。ナポリ出身者のコミュニティをターゲットにした店だ。残念ながら、彼の商売はみごとに失敗して、客が集まらずに店じまいするしかなかった。ローマのピザは故郷のピザほどおいしくはなく、ホームシックにかかったナポリからの移住者たちでさえ、食べてはくれなかった。明らかに、ピザをナポリ以外の土地に広めるにはまだ時期が早すぎたということだ。

ナポリではピザを食べることが貧しい人たちの文化の一部になっていた。住民のほとんどは十分な調理器具をもっていなかったので、通りで「ファストフード」を買うしかなかったのだ。ピザを買う余裕がない人でも、支払いを8日後まで待ってもらうことができた。この支払い習慣は、「ピッツァ・ア・オット」［オットは数字の8］と呼ばれる。ナポリのピッツェリア文化に関する1858年のエッセイによれば、ピッツェリアには怠惰な若者が集まり、朝11時から午後3時までだらだら過ごしていた。もっているものといえば、丈夫な胃とわずかなお金だけの若者たちだ(4)。

## ◉王妃が愛したピッツァ・マルゲリータ

ナポリの通りで、やはり貧しい民衆が食べていたマカロニやヴェルミチェッリとは違い、ピザには上流階級向けのアレンジというものがほとんどなかった。イタリア料理の父として知られるペッレグリーノ・アルトゥージは、有名な料理本『厨房の科学と美食法 *La scienza in cucina e l'arte di mangiar bene*』（１８９１年）に、南イタリアの伝統的パスタ料理を上流階級向けにした上品なレシピを数多く含めたが、ピザについてはまったく触れていない。

しかし、イタリアのピザ伝説によれば、ピザを愛した貴族も何人かいたようだ。そのひとりがナポリ王フェルディナンド４世（１７５１～１８２５）で、夏の宮殿の庭にピザ窯を設置した。この話の細部にはさまざまな説があり、妻のマリア・カロリーナ王妃が宮殿内にピザを持ち込むことを許さなかったという話もあれば、それとは逆に、フェルディナンド４世がピザ窯を設置したのは、マリア・カロリーナが宮殿で人目につかずにピザを楽しめるようにするためだったという話もある。

おそらく、貴族のピザ愛好者についてのもっとも有名な話は、マルゲリータ王妃のものだろう。統一後のイタリア王国の第２代国王ウンベルト１世の妃だ。伝説によれば、１８８９年に国王とともにナポリを訪問していた王妃は、当時のヨーロッパの王族が日頃食べていた

マルゲリータ・ディ・サヴォイア王妃。1882年。

ピッツァ・マルゲリータ

フランス料理にすっかり飽きていた。そこで、ピッツェリア・ブランディのピザ職人（ピッツァイオーロ）ラファエレ・エスポジトが呼ばれ、王妃のために何種類かピザを用意するように命じられた。

彼は3種類のピザを作った。ラードとカチョカヴァッロとバジルをのせたもの、シラスをのせたもの、そして、トマトとモッツァレラとバジルをのせたものだ。この最後のピザが当時ピッツァ・アッラ・モッツァレラと呼ばれていたもので、王妃のお気に入りになったことで、その後は「ピッツァ・マルゲリータ」に呼び名が変わった。

ピッツェリア・ブランディには今で

も王宮の料理部長ガッリ・カミッロから送られた、1889年6月の日付が入った感謝の手紙が飾ってあり、店の外のプレートにもここがマルゲリータ発祥の店だと記されている。トマト、モッツァレラ、バジルは、イタリアへの愛国心を表現する重要な要素だった。王と王妃はフランス料理に飽きて、何かイタリアらしいものを望んでいたからだ。さらに、このピザの3つの色はイタリア国旗と同じだった。

この伝説は、食文化が国家としてのアイデンティティに欠かせない一部であるという考えにもうまく合致する。現在、ピッツァ・マルゲリータは政府からの保護に値する〝真の〟ナポリ・ピザ2種類のひとつとして、イタリア人が世界に誇るピザになった。

## ●ピザとファシズム

マルゲリータ伝説でもうひとつ重要なのは、質素な料理が王妃に気に入られ、やがて世界中で大人気の食べ物になったというシンデレラ・ストーリーだ。この伝説によって、ピザは社会の平等の象徴にもなった。高級とはほど遠い料理でありながら、その驚くほどのおいしさが、上流階級の舌さえ満足させたからだ。

ピザが最初からすべての社会階級の人たちに好まれていたかどうかについては、歴史家のあいだで今も議論が続いている。18世紀からずっと誰もが愛する食べ物だったという研究者もいれば、最初は貧しい人たちのいわばファストフードとして始まり、貴族を含むほかの社会階級にも広まったのはその後だとする研究者もいる(5)。

いずれにしても、1889年の「ピッツァ・マルゲリータ」の誕生をきっかけに、ピザは国民的な食べ物になってもよかったはずだった。王妃にも農民にも愛された食べ物は、たしかに南イタリアを食文化の中心地にしたし、イタリア料理を世界に知らしめるのに最適な材料を使っていた。ところが、悲しいかなピザが国民的な食べ物になるにはその後何十年もかかったのである。

貧しい生まれから国を代表する食べ物になるというピザのシンデレラ・ストーリーは、第二次世界大戦後まで待たなければならない。そのころになってようやくイタリア全土でピザが食べられ、好まれるようになる。20世紀初めからファシズムの時代(1922〜1945)までは、ピザはイタリアのほとんどの地域で無視されていた。たとえば、ファシズムの時代に書かれた料理本の何冊かはピザに言及しているが、たいていは地方料理あるいは名物料理と表現している。実際、〝カロリーナおばさん〟の『実用料理 *Cucina Pratica*』(1936年)では、「フォカッチャ(ピッツァ)・アッラ・ナポレターナ」(ナポリ・ピザ)と「フォカッチャ(ピッツァ)・アッチュガータ」(アンチョビ・ピザ)は「地方料理」として分類されている。

じつのところ、ピザのようなシンプルな料理は、食費を切り詰めるように促すファシズムの考え方にぴったり合っていたのだ。それでも、ファシズムの時代にピザがイタリア全土に広まることはなかった。そして、過激な未来派の前衛芸術運動が攻撃したのも、ピザではなくパスタだった。国民がパスタのような食べ物ばかり食べていると、国の活力が失われてしまうというのだ。独裁者のベニート・ムッソリーニは、小麦の備蓄を維持するため、イタリア国民にパン――ピザではなく――を無駄にしないように訴えた。ファシスト党が1938年に発行した公式のレストランガイドには、ナポリ周辺地域ではピザがよく食べられているが、それ以外の土地ではまったく見かけないと書いてある(6)。

### ◉「奇跡の経済」と観光業の発達

第二次世界大戦後になって、いくつかの要素が重なり、ようやくイタリア全土にピザが広まる下地ができた。もちろん、戦争中に南イタリアに駐屯していた英米の兵士がピザをとても気に入ったため、ほかの地域に行ってもそれを食べたがったのがきっかけ、とする話もある。これは間違いなく本当のことだろうが、ピザの人気が広まる原因としてもっと重要だったのは、南部からの移住者の増加と観光業の発達だ。

デンマークのコペンハーゲンにあるピッツェリア。ピザ店経営が世界に広まった証拠。

ナポリ人を含む南イタリア人が1950年代から60年代に北イタリアの都市に大量に移り住んだとき、当然ながら彼らはお気に入りの食べ物のレシピも一緒にもっていった。同時に、戦後イタリアの目覚ましい経済復興は、ヨーロッパにおける「奇跡の経済」と称された。南イタリア人はその歩兵となって彼らの食習慣をヨーロッパ各地に広め、ミラノなど北イタリアだけでなく、スウェーデンのストックホルムにまでピッツェリアが現れはじめた。

これほど直接的ではないものの同じくらい大きな影響を与えたのは、この奇跡の経済の時代に観光業が発達したことだった。なかでもイタリアにやってくる中流階級、さらには労働者階級の旅行者が、彼らなりの「グランドツアー」〔17～18世紀、おもにイギリスの上流階級の子弟が、教養を高めるためにヨーロッパ大陸、とくにフランスとイタリアを旅した習慣〕として、この国の芸術の宝を鑑賞するほかに、イタリア料理を味わった。

戦後のレストランは、それより数十年前に始まったと思われる流行を引き継ぎ、食事客にイタリア各地の地方料理を提供した。こうしてローマのレストランではリゾット（北イタリアの料理）が、ミラノのレストランではピザがメニューに加わっていったのだろう。

この種のレストランは、イタリア中をくまなく旅する時間もお金もないが、いろいろな土地の料理を食べてみたいと思う旅行者の要望に応え、ひとつの場所でさまざまな地方の料理を食べられるようにした。そのため、旅行者の多い地域ではめずらしい種類のピザが出されるようになり、たとえばドイツ人に人気の旅行先だったフィレンツェでは、ソーセージをのせたピザが人気となった。

ナポリ以外の土地では、ピザを焼くための本格的な設備がある店はかぎられていたので、すぐにひどいピザについての不満が聞かれるようになる。１９５７年刊行の著書のなかで、アメリカの美食家リチャード・ハモンドは、イタリア最北端の地域でもピザを食べられるようになったものの、味はさまざまだと伝えた。

彼はこの料理のことを「オープンスタイルのチーズタルト。ただし、ペストリー生地が軽

フランクフルトのピッツェリアで働くイタリア移民。ドイツ、1957年。

く、最初の一口で溶けるものはいいが、ファイバーボード［木材をいったん繊維化してから固めたボード］みたいにかたくてかみ切れないものもある[7]」と書いている。世界のどこかで食べるまずいピザと同じくらい、イタリアでも二流のピザはひどい味だったということだが、それもまあ驚くことではないだろう。

## ●外国人旅行者

経済の近代化も、いわゆる「奇跡の経済」も、イタリア人自身のあいだにピザを食べる習慣を広めることにはほとんど貢献しなかったのではないかと思われる。ピザは安上がりな食べ物で、通りでおやつや軽食として食べるものがほとんどだったからだ。

ファシズムとそれに続く第二次世界大戦で経済が一度は崩壊したものの、戦後のイタリア人の生活水準は着実に、ときには驚くほどの改善を見せた。多くの消費者は新たに増えた収入で家庭用の電化製品を買った。食料品全般にかけるお金は少なかったが、肉、缶詰、ワインなど、それまでは手の届かなかった食品を買った。そのため、１９４５年以降は家庭料理全盛の時代を迎え、主婦たちは料理本や女性誌から料理の基本、インテリア、電化製品の使い方などを学んだ。イタリアの消費者は外国の料理を味わい、凝ったデザートや上質の肉を味わった。

彼らがピザのような軽食にもっとお金を使うようになるのは１９６０年代から70年代になってからのことだ。イタリアを訪れる外国人旅行者は、行く先々の土地でできるだけ多くの種類のピザを食べようと熱心だったが、イタリア人自身はといえば、新しい消費者ライフスタイルにピザを食べる楽しみはまだ含まれていなかった。そして、次章で紹介するように、戦後はアメリカ人のほうがもっとピザを食べていた。

アメリカ人がイタリアに旅するときには、メニューに当然ピザがあるものと期待した。何といっても、イタリア系アメリカ人が伝えたものなのだから、当然イタリアがピザの本場だと思っていただろう。〝がさつなアメリカ人〟をはじめとする外国人旅行者からの需要が増したことで、イタリア中のカフェやバールのメニューにピザが急速に広まったことはたしかだ。

ヨーロッパの“ピザ化”。シャンゼリゼ大通りのピッツェリア「ローマ」。パリ、2007年。

イタリアから戻った旅行者はますますピザが好きになり、1960年代にはスウェーデンや日本などで、ピザレストランと家庭でのピザ作りが流行した。こうした世界的な注目は、ナポリ人を喜ばせるとともに、いらだたせもした。

しかし、他国（とくにアメリカ）が自分たちの食の遺産を扱う方法に不満をもつ人たちがいる一方で、別の感じ方をする人たちもいた。女優のソフィア・ローレンは、おそらく戦後のイタリアでもっとも有名なナポリ人だろう（ローマ生まれだが、ナポリ近郊のポッツオーリで育った）。その彼女が、ピザの世界的な人気は腹立たしいことではなく、誇らしいことだと宣言した。「世界中で、とくに若い人たちがピザとピッツェリアに夢中になっているのは、とてもうれしいことよ。ピザってシンプルで、健康的で、

ナポリ出身の有名女優ソフィア・ローレンがピザをサービス。

どこか陽気なところがあるでしょう？　私はピザ好きの人たちを見ると、いつも心優しい気分になるの」(8)。

ローレンは1954年の『L'oro di Napoli（ナポリの黄金）』で、映画史上おそらくもっとも魅力的なピザ職人を演じた（少なくともジュリア・ロバーツが1988年の『ミスティック・ピザ』で主演するまでは）。ピザ屋の妻が、結婚指輪をなくして大騒ぎになるというストーリーだ。ローレンがピザに夢中な人たちのことを好意的に語ったとき、おそらく彼女が思い描いていたのは、たとえばあの悪名高い〝ハワイアンピザ〟ではなかっただろう（「ピザにパイナップル？」記者にたずねられたナポリのピザ職人は、はねつけるように答えた。「そんなものはピザじゃなくてケーキだ！」(9)）

## ◉〝正統派〟のピザ

1950年代から60年代にかけてイタリアを訪れた旅行者はピザを存分に楽しんだが、イタリア人の多くはそうではなかったようだ。戦後に出版された料理本や女性誌がピザについて触れることがあったとしても、ナポリの郷土料理としての扱いだった。もっとも、重要な地方料理であることは間違いなく、イタリアを代表する料理のひとつとしては認められていた。イタリア料理の普及を意図してイタリア貿易振興会が発行した小冊子では、イタリア料理を代表する最初のレシピとしてナポリ・ピザを堂々と掲載している。[10]

イタリア政府発表の統計データによれば、1968年の段階でもまだ、イタリアの消費者が家の外での食事や軽食に使うお金は食費全体のわずか4・5パーセントだった。対照的に、たばこには外食費よりも多い6・2パーセントを使っていた。[11] このパターンは1970年代に入って変化しはじめる。外食、とくに軽食を外でとるイタリア人の数が増えたのだ。

一部の都市や地域で、その土地ならではの食材を使ったピザや、客の好みに合わせた独自のピザが編みだされた。たとえばローマのピザは薄くパリッとしたクラストで有名だし、モリーゼ州の「ピッツァ・エ・フイエ」は生地にトウモロコシ粉を使い、地元産の野草をトッピングしている。また、座ってゆっくり食事ができるピッツェリアもあるし、まき窯で焼いたピザをランチやディナーで出すレストランもある。

イタリア人はおやつ代わりに切り売りのピザ（ピッツァ・ア・タッリオ）を買い求める。種類は豊富で、食欲や予算に応じて好みの大きさに切ってもらえる。こうした切り売りのピザ（スライスピザ）は折りたたんで本のようにして食べる（アル・リブレット）ことが多い。

ヴェネツィアなど北部の都市のピッツェリアや、ルッコラと削ったパルメザンチーズをトッ

バラエティに富んだ切り売りのピザは、イタリア版ファストフードだ。

ピングしたピザを見れば、伝統のピザしか認めない人たちはあきれて首を振るかもしれない。たしかに今では観光客向けにさまざまにアレンジされたピザが作られているものの（すでに述べたソーセージをのせたピザや、フライドポテトをのせたピザなど）、イタリアのピザの一般的な特徴は、パリッとしたクラストと新鮮な材料だ。ピザ職人はさまざまなトッピングを実験し、流行《はや》りのピッツェリアは若い世代向けのピザを作っているが、イタリアのピッツェリアの大半は、まき窯でピザを焼き、新鮮なトッピングを使い、客の好みに合わせて熱々のピザを出している。

さらに、どの町のどの地域に行っても、たいていは〝正統派〟のピザを出すピッツェリアが見つかる。その多くはナポリ人が経営する店だ。こうした店ではテーブルに白い紙を敷き（ときにはその紙に会計の数字が書かれることもある）、メニューはなく、順番待ちの列に長時間並んでお腹をすかせた客たちに、腕に抱えるほどの大きさの気取らないピザが提供される。

## ◉「真のナポリピッツァ協会」設立

ピザはイタリア全土に広まるとともに、ナポリからの移民が西ヨーロッパ中の移住先にピザ店を開いたため、ヨーロッパを代表する料理にもなった。材料と労働コストという点では、ピザ店は比較的諸経費が安くてすむ、実入りのいい商売といえた。また、外食の機会が増え、軽食にお金を使うようになったヨーロッパ全体の食習慣のトレンドにうまく乗ることができた。どちらも生活水準の向上と高度な産業の発達によって生まれた変化である。

東欧で社会主義体制が崩壊したあと、真っ先に移住して資本主義世界のビジネスを持ち込んだ商売人たちのなかには、イタリアのピザ職人も含まれていた。もちろん、ファストフードのような文化的習慣も一緒に持ち込まれた。こうしてピザがヨーロッパ中に紹介されると、すぐに大陸の広い範囲で人気の食べ物になった。

だが、この人気の高まりによって何が起こっただろう？　イタリアとヨーロッパのピザ職人は、品質管理という問題を心配するようになった。ヨーロッパでのピザのクオリティは、

レンガ製のまき窯。これを使っているかどうかが、本式のピザの判断基準となる。

小規模店の経営者しだいでばらつきが生じるか、そうでなければ大量生産による規格化の波にのみ込まれるおそれがあったからだ。

こうした品質の問題に関して、何を〝本物〟のイタリアのピザと呼ぶかの基準として、ナポリ・ピザの地位は揺らいだことがない。ナポリのピザ職人が経営する地元のピッツェリアを愛してやまないイタリア人は、この特別な食の遺産を守るために何か策を打たなければ、と感じるようになった。ピザ作りに起こっている変化を目の当たりにして、ナポリのピザ職人と客の多くが不安を強めていた。冷凍ピザを含め大量生産される規格化されたピザが増え、このままでは本物のピ

ピッツァイオーロ（ピザ職人）。1937年。

ザが永遠に失われてしまうかもしれないと思ったのだ。

こうした規格化されたピザへの怒りと、ピザを含めあらゆるものが「ヨーロッパ化」していることへの反感を背景に、１９８４年に「真のナポリピッツァ協会（ＶＰＮ）」が設立された。この団体の目的はふたつ。ナポリのピザを守ることと、それをすべてのピザを評価する世界的な基準にすることだ。

１９８９年に「ピッツァ・マルゲリータ」誕生１００周年を祝ったあと、ＶＰＮの会員はナポリ・ピザへのＤＯＣ（原産地統制呼称制度）適用を求めて真剣な議論を始めた。ＤＯＣは地方自治体が特定の生産品に産地名

「真のナポリピッツァ協会」の基準を満たしたピッツェリアに与えられる認定マーク

を名乗ることを認めるもので、ワインやチーズに対して適用されてきた。1995年には、イタリア規格協会（UNI）の承認を求めるため、ナポリ第二大学で生理学・栄養学を教えるカルロ・マンゴーニ教授にレポートの執筆が委託された。UNIはイタリアの商品、芸術、サービスに関する法と規制を定めるために設立された政府機関だ。[12] ピザ職人への調査と、ピザ生地の膨らみ具合を撮影した写真の分析を通して、マンゴーニ教授は真のナポリ・ピザと呼ぶために欠かせない条件を導きだした。

ナポリ・ピザ（ピッツァ・ナポレターナ）は1997年にDOCの地位を勝ち取った。VPNはナポリ・ピザの保護を強化するためのロビー活動を行なうほか、世界中のピッツェリアに会員証を発行する専門家団体としても機能している。会員として認められたピッツェリアは、真のナポリ・ピザを出す店であることを証明する看板を掲げられる。VPNに認定されたピッツェリアはイタリアだけでなく、アメリカ、イギリス、日本にもある。

VPNの認定を受けるには、ピザ職人は一連の厳格なルールに従わなければならない。まず、生地に用いる材料は小麦粉、塩、水、自然酵母のみ。生地は素手、または生地に余計な熱を加えない、協会が認める種類のミキサーでこねる。それから、生地を手でたたいて伸ばして形を整え、ドーム型のまき窯の床面に直接のせ（焼き皿やその他の容器は使わない）、約400℃で焼き上げる。[13]

VPNが認める真のナポリ・ピザは、マルゲリータ（トマト、オリーブオイル、バジル、モッツァレラ）、マリナーラ（トマト、オリーブオイル、オレガノ、にんにく）、マルゲリータ・エクストラ（トマト、生のチェリートマト、モッツァレラ、オイル、バジル）にかぎられる。

## ◉厳格なルールは正しいか

VPNのルールが強調しているのは、材料の品質と新鮮さだ。まき窯は高温なので焼きすぎてはならず、またピザは焼きたてをすぐに食べるのがよいと明記している。言うまでもなく、真のナポリ・ピザは自宅では作れず、店から持ち帰って食べてもいけない。持ち帰りにすると、調理してから食べるまでに時間がかかりすぎるからだ。

２００４年、当時のシルヴィオ・ベルルスコーニ首相の政府が、ナポリ・ピザを保護する法律を成立させた。それによって、以前から非公式に行なわれていた活動（ＶＰＮによる認定）が公式なものになった。現在は、ＶＰＮのルールが真のナポリ・ピザと呼べるかどうかの基準として公式に採用されている。

ところが、ナポリの多くのピザ職人がこの法律によって締めだされることになった。たとえば、安い材料を使う職人は「真のナポリ・ピザ」を作れない。つまり、法律ができたことによって、安いオイルや牛乳のモッツァレラを使った大衆向けのピザと、エキストラバージン・オリーブオイルと水牛のミルクのモッツァレラを使ったＶＰＮのピザの区別が強調されるようになったのだ。しかし、制裁や処罰を科すのは不可能だろうし、政府には違法なピザ職人を逮捕するよりもっと重要な仕事がある。だから、ピザ職人はそれぞれのやり方で、客の希望と予算に応じて、何代も前から受け継がれてきた大衆のためのピザを作り続けている。

真のナポリ・ピザを作るためのＶＰＮのルール制定に関しては、注意しておきたいことがある。これらの規制はピザの定義をせばめるだけでなく、ピザとはどんな食べ物だったのか、今のピザはどんな食べ物なのかについての本質的な部分を制限してもいることだ。端的に言おう。ＶＰＮのルールは、クオリティの高い食べ物を作ることに関心がある人には優

イタリアの通りで商売をするピザ売りたち

れたものだが、ピザの偉大さはその応用の幅広さと手軽に食べられることにあると考える人にとってはとまどいを覚えるものだ。

たしかに、職人技としてのピザ作りを称え、保護したいという気持ちは理解できるし、VPNは真のピザと呼ぶために必要な条件を決めようという運動に力を与えた。ピザに対するVPNの立場は、食に関する保護主義を代表しており、18〜19世紀のナポリの〝本物〟の文化をエリートの立場から再構築、あるいは主張するものだ。

1994年に、APES（ヨーロッパ・ピザ製造者および支援者協会）の会員でインストラクターのロマーノ・フォルナザーリが本物のピザとは何かを定義しようとしたとき、ナポリからすぐさま怒りに満ちた反応が返ってきた。それがきっかけで、ピザとは何か、どうあるべきかについて、イタリア中の新聞や雑誌も巻き込んだ「ピザ戦争」に発展した。この１９９４年の「ピザ戦争」は、最初は技術的な側面（ピザの大きさ、生地の厚さなど）を争うものだったが、やがてイタリア人にとってピザが何を意味するかというもっと大きな議論へと拡大していった。

## ●ピザ・イベント

今ではピザはすべてのイタリア人のものだ。イタリア全土で毎日７００万枚ものピザが消費されている。

１９９７年の夏に、北イタリアの分離主義運動の過激派がピザのボイコットを呼びかけたことがあったが（ピザは南部の食べ物とみなされた）、彼らの運動は不信感を招いただけだった。北部同盟［イタリア北部の自治権拡大を主張する地域政党］のリーダーだったウンベルト・ボッシでさえ、ピザに代わるものはないと宣言してボイコットを非難した。[14] ボッシと彼の仲間たちは、ホウレンソウとアスパラをのせた「パダニア・ピザ」［パダニアは北部同盟が北イタリア地域の独立を宣言したときにつけた名称］を好んで食べた。北部同盟のイメージカラー

ピザ職人に扮したナポリ出身の歌手アウレリオ・フィエロ。ナポリ、1966年。

が緑だったからだ。どうやら、ピザに関するかぎり、イタリア人の創造性と強い思い入れを押しとどめるのは不可能なようだ。

ピザ伝統主義の牙城《がじょう》であるナポリでさえ、会議や祭りなどのイベントの形で（「真のピザ」かどうかを問わず）ピザを祝福してきた歴史がある。1995年、ナポリ・ピザの最大の政治的支持者のひとりである当時の市長アントニオ・バッソリーノは、毎年秋に10日間の「ピザフェスト」を開催することを決めた。

ピザ職人たちを友好的な雰囲気のなかで競わせるイベントもある。招かれたピザ職人が曲芸《アクロバット》、スピード、サイズ、オリジナリティなどに分かれた部門で競い合うものだ。時代の流れに合わせて、ピザ・オリンピックにはグルテンフリー［小麦などから生成されるグルテンというたんぱく質を含まない］の部門さえある。

ピザ・オリンピックやピザ・ワールドカップ（世界ピザ選手権）を含め、いくつかのコンテストでは、世界中から参加者を招いている。そして、2007年の世界ピザ選手権では、日本人の山本尚徳《ひさのり》がオリジナル部門で優勝し、アメリカのピザ回しの達人トニー・ジェミニャーニ（ワールド・ピザ・チャンピオンズ、アメリカズ・ナンバーワン・ピザチームのピザ回しのパフォーマンスで世界中に知られる）がアクロバティック部門ではなく、伝統のナポリ・ピザ部門で優勝した。

このふたりの優勝はイタリアのピザ職人たちを驚かせた。調理部門のすべてでイタリア人の職人が優勝すると思っていたからだ。しかし、イタリア人以外が優れたピザを作るコンテストで優勝するのは驚くことではないし、イタリア以外の国のピッツェリアの多くがＶＰＮの認定を受けている。

ＶＰＮが設けた多くのルールの思いがけない結果は、そのルールに従えば、おいしい本物のナポリ・ピザが誰でも作れるようになることだった。ナポリが世界に与えたものはもう取り戻すことはできないし、イタリア人はこの贈り物のなんとも複雑な遺産と折り合いをつけていかなければならない。ピザがもうイタリアだけのものではなくなったことは明らかだ。

「2007世界ピザ選手権」のアクロバティック部門。

ナポリで開かれた2007世界ピザ選手権。トニー・ジェミニャーニ（左）と山本尚徳がそれぞれの部門で優勝した。

それでは、ピザとイタリアとイタリア人はいま、どんな関係にあるのだろう？　伝統のナポリ・ピザの保護運動とは関係なく、ピザとイタリアとの結びつきは圧倒的にポジティブなイメージでとらえられている。

世界のメディアでは、イタリアはよくピザとマフィアとサッカーの国として紹介される。イタリア人なら、ピザはイタリアの食べ物だと言われても、あるいはイタリアはピザを食べる人たちの国と定義づけられても、誰ひとり不満には思わないだろう。しかし、マフィアと結びつけられると、たいていは嫌な気持ちになる。サッカーの国というイメージは、以前は好意的なものだったが、最近のサッカー界の不祥事のおかげで少し否定的な意味合いをおびるようになった。

ピザを発明し、作り、食べている国民、とイタリア人をからかったところで、何の意味もない。２００６年のワールドカップ準決勝でイタリアがドイツと対戦したとき、ドイツの新聞はドイツ国内でピザをボイコットするか、あるいは試合中にピザ屋に電話してデリバリーを頼み、イタリア人ファンの気をそらそうと呼びかけた（イタリア人はこのビッグゲームのあいだにもピッツェリアで働いているはずだからだ）。ドイツ人記者たちは、イタリア人のことを「ピザ好きのマザコン」とあざけりさえした。しかしその中傷キャンペーンは失敗に終わり、とにもかくにも最後に笑ったのはイタリアだった（ドイツを降《くだ》したイタリアチームを率いたファビオ・カンナヴァーロ監督は、偶然にもナポリの出身だった)。

## ◉皿の上で学ぶ歴史

イタリアの外に目を向ければ、世界のピザ事情、とくにバーベキューチキンピザを売るアメリカや、ジャガイモ、マヨネーズ、ソーセージをのせたピザを売る日本に対して不快感を示すイタリア人も少なからずいる。明らかにイタリアのものとは異なる料理になってしまったピザのことを、イタリア人はどう思っているのだろう?

ピザが、大量生産されるフラットブレッドのファストフードになってしまったことへの批判や懸念の声はやむことがない。スイートコーン、パイナップル、イカスミのような食材まで使われる多文化混合のピザに対しては、イタリア人は明らかに否定的にとらえている。

世界中にたくさんの種類のでたらめなピザを広めたとして、彼らはアメリカを非難する。私がこの文章を書いているあいだにも、2015年開催予定の「食」をテーマにした国際博覧会についての記事のなかで、あるイタリア人ジャーナリストがイタリアの食の伝統を称え、守らなければならないと訴えていた。「食べ物がそのルーツと切り離されると、退化して質が損なわれる。アメリカ人の手に渡ってからのピザのように(15)」。

ファストフード・チェーンの拡大でピザは全米で人気となり、ついにはアメリカを代表する食文化のひとつとなった。スウェーデンにあるアメリカンスタイルのピザレストラン。

実際に、ファストフード世界の過ちすべての象徴としてしばしば引き合いに出されるのが、アメリカやその他の国の職人の手に委ねられ、退化していったピザの話だ。新聞、雑誌、ウェブサイト、チャットルームをのぞいてみれば、あるいはイタリア人とほんの少し会話を交わしてみるだけで、彼らがよその国のピザのことをどれだけ不快に思っているかはすぐにわかる。

世界に広まることでピザがこうむったあらゆる変化を見れば、イタリア人が嘆き、腹を立てるのも無理はない。ピザは本来、イタリアの貧しい民衆の文化の象徴だったのだ。

ピザの優れた点は、何よりそのシンプ

ルさにあった。イタリア人にとってそれは今も変わらない。客の目を引こうとたくさんの食材をのせたにぎやかなピザは、この点ではイタリアの食文化への冒瀆となる。さらに、ナポリ・ピザの歴史は、人々が貧しいながらも、何とかしてものをつくり出していたことを教えてくれる。ピザという食べ物は、シンプルながらも多様性をもたせ、材料がなくてもおいしいものを作ろうと懸命に努力してきた、すべてのイタリア人の歴史を象徴しているのだ。そう考えれば、イタリア人が腹を立てるのも理解できる。

ピザは、皿の上で学ぶ歴史の授業と言っていい。そして、ピザ作りに見られる創造性とシンプルさは、イタリア料理の特徴でもある。ルールだらけで手の込んだフランス料理とは明らかに異なる。

イタリア移民史の研究者の多くが指摘しているように、イタリアという国は、自国と外国とを行き来する多くのイタリア人の外からの視点も取り入れて国家としてのアイデンティティを形作り、作り直すことで発展してきた。そして、建築家のフランコ・ラ・チェクラが述べたように、イタリアがたどってきた歴史と文化の道筋のなかで、ピザはふたつの側面で大きな役割を果たした。ひとつは、すでに述べたように、イタリアならではの食文化がイタリア全土に広まったことだ。もうひとつは、イタリア国外に、イタリアが本当ならそうなれたはずの〝想像上のコミュニティ〟が生まれたことである。

これは、最初はイタリア人移民が共有するビジョンだった。彼らはイタリア料理についての基本的な知識をたずさえて新しい土地へ向かい、イタリアより豊かで多様な社会のなかでそれを作り直した。こうして、なけなしの材料から作りだしていた料理が、もう少し多くの材料を使った料理となっていった。正しい食材がいくらでも手に入る社会で、イタリア料理が〝本来そうあるべきだった〟姿に形を成していったのだ。

次の章でくわしく説明するように、ピザはイタリアからの移民とともにアメリカへ渡り、そこに第二の故郷を見いだした。移民たちはイタリアのピザのルーツに忠実に従いつつ、イタリア人以外の客を呼び込むために、新しい材料を少しずつ実験していった。

ピザは時間と空間をまたいで広がりながら、ときにイタリアとの関係を失い、ときにそれを取り戻してきた。ピザの応用の幅広さがその人気を高めたという点では、民衆文化の遺産としてのピザの性質は受け継がれたことになる。

しかし、人気の高まりと引き換えに、失うものもあった。ピザは勝ち誇ったように世界各地への行進を続けたが、それとともに規格化と新しい土地への適応が必要になり、古くから受け継がれてきた重要な性質——職人技というルーツやシンプルな味——を失った。ピザを世界中の人気フードにした特徴そのものが、伝統の味から遠ざかることにつながり、ピザの目利きたちやナポリのピザ職人、スローフードの信奉者の怒りを買ってきた。

次のふたつの章では、アメリカと世界でのピザの歴史に目を向ける。イタリアから世界へと羽ばたいたピザは、その土地の人たちの好みの味を取り入れ（ジャガイモ、イカ、パイナップル、バーベキューチキン）、食べ方という点でもさまざまに進化した（テイクアウトのスライス、テーブルを囲んだ大勢でのシェア、テレビの前で食べる冷凍ピザ）。そう考えると、ピザをイタリアンフードとして分類するのは愚かなことのようにも思える。

しかし、この状況はひとつの疑問を投げかける。ピザとはいったいどんな食べ物なのだろう？

# 第2章◉アメリカのピザ

## ◉世界一のピザ消費国

ナポリの貧しい通りで生まれたピザは、アメリカに第二の故郷を見つけた。最初のイタリア移民たちがニューヨークの通りでピザを売ってから数十年もすると、アメリカ全土で好まれる食べ物になっていた。

アメリカは世界中のどの国よりもピザの消費量が多い。正確なところはわからないものの、広く用いられている推計によれば、その量は1年に10億トンを超えている！　ピザハット、ドミノ・ピザ、パパ・ジョンズなどのチェーン店は、マクドナルドやスターバックスと出店場所を奪い合っているし、冷凍ピザの売上高は年間10億ドルを優に超える[1]。

よかれ悪しかれ、アメリカ人はピザの基本的な形や提供のしかたについても実験してきた。ニューヨークのテイクアウト用スライスから、シカゴのディープディッシュタイプ［高さ4～5センチの深皿に入れて焼く、チーズや具材をたっぷりのせた分厚いピザ］まで、また生地の厚みも、セントルイスの薄くパリパリしたクラストから、「コロラド・ロッキー・マウンテン・パイ」の分厚いものまで（食べ切れなかったクラストはハチミツをつけてデザートとして食べる）、アメリカ人はしばしば型破りな発想でピザ作りに取り組んできた。その結果、フラットブレッドの上にトマトとチーズをバロック芸術のようにトッピングするというイタリア方式からは離れていった。

アメリカでは、社会階層や生活環境の異なるあらゆるタイプの消費者が、めずらしいトッピングを楽しんでいる。（もともとは）労働者階級向けのニューヘヴンのトッピング（アサリとオレガノ）もあれば、ハリウッドの高級レストラン「スパーゴ」で出されるローストダックとヤギのチーズのトッピングもある。風変わりなピザには地域限定のものもあれば、町や州の境界を越え、全米で愛される食の伝統になったものもある。

バーベキューチキンピザ（バーベキューチキン、レッドオニオン、スモークしたゴーダチーズ）は、もともとカリフォルニアで生まれたものだが、全米のピッツェリアやレストランチェーンでさまざまなアレンジで提供されている。また、ハワイアンピザ（一口大にカットしたパイナップルと、スライスしたカナダ産ベーコンのトッピング）は、ハワイだけでなく、どこでも食べられるピザとなった。

伝統のピザしか認めないという人たちは、マルゲリータとはずいぶん変わってしまったこうしたピザを受け入れられずにいるかもしれないが、全体として見れば、アメリカ人はピザを買ったり作ったり食べたりすることに、相当の時間を費やしている。ピザという食べ物のイメージを広げて考えるアメリカの傾向は、現代的なピザへのアプローチを代表するものといえる。

歴史家のダナ・ガバッチャはアメリカ人について、「食べ物に関しては実験する傾向があり、多くの文化的伝統を組み合わせ、混ぜ合わせて、ガンボやシチューを作りだしてきた」と指摘している。(2) おそらく、アメリカには伝統料理と呼べるものがなかったので（アメリカ先住民の食べ物は魅力的には映らなかったようだ）、移民が持ち込んだ食べ物をもとに、はっきりアメリカ料理と呼べるものを作りだそうとしてきたのだろう。

アメリカの料理の歴史をたどってみると、さまざまな民族的背景をもつ消費者と起業家が一緒になって、移民が持ち込んだブリトー、春巻き、チーズフォンデュなどの食べ物を進化させ、大勢にアメリカ独自の料理として受け入れられるものにしてきたことがわかる。

19世紀のイタリアですでにアレンジしやすい料理として知られていたピザは、20世紀のア

自由の女神の格好をした女性が、ニューヨークの通りでカリフォルニア風ピザを楽しんでいる。2001年。

メリカでさらに何度かの変革を重ねる。それによってエスニックフードから誰をも満足させる軽食となり、家庭の夕食でもレストランでの食事でも欠かせないものとなった。アメリカ人はピザを受け入れただけではなく、あれこれ実験して新しい形を与え、自分たちの生活のリズムと環境にぴったりくるものに変えていったのである。

## ●「規格化」と「職人技」の共存

しかし、アメリカとピザの関係は、よくいえば込み入った愛情関係、悪くいえば機能不全に陥った関係と表現できる。ピザを愛する気持ちはみな同じでも、好まれるピザは千差万別。地域ごとに好みやこだわりが大きく異なる。

そうしたなかから、フランチャイズやチェーン店を通して、〝アメリカの〟ピザの主流になるものが生まれた。誰にでも好まれるとともに、ありきたりで個性がないと非難されもする定番のピザだ。ピザの専門家として知られるエヴリン・スロモンは、アメリカにおけるピザの歴史の皮肉な側面を指摘した。ピザが人気の食べ物になるにつれ、大量生産される代わり映えしないピザが、独創的で職人技の光る、風味豊かなピザに取って代わっていった。これはファストフード店のピザだけでなく、冷凍ピザにも当てはまる。１９６０年代に市場に出回りはじめた冷凍ピザは、80年代には驚くほどバリエーションが増えていた。

そうした流れのなかで、ピザハットの規格化されたピザでは物足りなくなった人たちが、イタリアやニューヨークの〝本物〟のピザに再び目を向けたとしても不思議ではない。まき窯で焼き、フレッシュ・モッツァレラを使う伝統のスタイルの復活である。筋金入りのピザファンは、伝統的なマルゲリータ・ピザこそ、ピザのクオリティを測る目下の基準にふさわしいと考え、アリゾナ州フェニックスのクリス・ビアンコのようなピザ職人や、ニューヨークの「ロンバルディ」のような老舗ピザレストランを称えるようになった。

1990年代を迎えるころにはアメリカでのピザの進化は一巡して、ありきたりの規格化ピザへの不満が、独立したピッツェリアや高級食材を使ったピザの復活へと道を開いた。

現在は、ふたつのタイプのピザ――規格化されたものと職人技が重視されたもの――が仲よく共存している。こだわりの強い人たちは完璧なピザを探してまわり、それほどこだわりをもたない人たちは冷凍ピザやチェーン店のピザをたらふく食べる。どちらのタイプのピザも、独特な形でアメリカの食文化に組み込まれている。

ピザは流行に敏感な都市の文化と、野暮ったい郊外のアメリカを区別するひとつの基準になった。また、東西の海岸部と内陸のアメリカ、白パン（もちっとしたやわらかいクラスト）とエスニックのフラットブレッド、そしてティーンエイジャーと中高年世代のアメリカを区

アメリカへの出発を待つナポリ移民たち。20世紀初め。

別するものでもある。イタリアと同じようにアメリカでも、ピザは経済・社会階級を象徴する食べ物となり、食文化の尺度にもなってきた。

## ●アメリカのピザ発祥の店「ロンバルディ」

ピザは19世紀後半にイタリア移民とともにアメリカにやってきた。南イタリアからの移民が多く住みついた地域にピザが現れたのは偶然ではない。南部からの移民の多くは、非熟練労働者でも工場の仕事に就ける北東部の都市に集まってきた。ピザは安上がりの食べ物として、移民たちが自分の家で作るものだった。あるいは、パン屋で作ったものを丸ごとか、(通常は工場労働者か、金曜日に肉を変えない家庭の主婦が)買える分だけ切り売りしてもらっていた。

1905年に、ピザを売るための商業ライセンスを初めて交付されたのが、ジェンナーロ・ロンバルディだった。彼はニューヨークのスプリング通り53½番地にある自分の店でピザを売り始めた。もちろん、ほかの移民たちも公式の許可なしでピザを売っていたが、アメリカの熱狂的なピザファンは、彼の店「ロンバルディ」をアメリカのピザ発祥の地と考えている。イタリア人が、ピッツェリア・ブランディのラファエレ・エスポジトをマルゲリータの生みの親と考えているのと同じだ。

ロンバルディは1930年代までには彼の食料雑貨店兼ピザ屋をレストランに改装し、シンプルなパスタ料理とピザを出す店にした。ピザ好きたちはロンバルディの店をアメリカで最初の、そしてもっとも重要なピッツェリアとして敬っている。このレストランはのちに「リトル・イタリー」と呼ばれる地域の中心地になった。オペラ歌手から通りの浮浪者たちまで、誰もがロンバルディの店に集まったため、そこから社会的平等の象徴としてのピッツェリアの伝説が生まれた。

もうひとつの伝説は、ロンバルディの店に置かれたピザ窯だ。当時の新聞記事にはこう書かれている。「外側は黒と白のホーロー加工した美しいレンガ、内側は素焼きのレンガ。炉《ろ》床《しょう》には保温効果を高めるため大量の砂が敷かれている。高さ約210センチ、幅365センチ、奥行き365センチ。一度に15枚のピザが焼ける」(3)。溶鉱炉のような窯で焼かれるロ

ニューヨーク市内にあるピッツェリア「ロンバルディ」。創業80年を前に1984年に閉店したが、10年後、もとの店があったスプリング通りからほんの1ブロック先で再開した。

コニーアイランドの「トトンノ・ピザ」店内。典型的なアメリカのピッツェリアだ。

ンバルディのピザは、パチパチ音を立て、材料が泡立ち、チーズとトマトが溶けて混ざり合う。クラストはパリッとして、ふっくらしたり茶色になったりはせず、黒く焦げることなど決してない。

「ロンバルディ」は間違いなく、ニューヨークのピッツェリア現象の生みの親といっていいだろう。ひとつには、ジェンナーロ・ロンバルディのもとで修行した弟子たちの多くが、のちに次々と自分の店を出したからだ（たとえば、ジョン・サッソは1929年にニューヨークに「ジョンズ」を開店し、アンソニー・ペロは1924年にコニーアイランドに「トトンノ」を開店した）。アメリカ北東部のいわゆる「ピザベルト」は、マンハッタンからニュージャージーへと延び、そのあ

イタリアンレストラン「カポッツォーリ」。ネバダ州ラスベガス。

ピザ窯は焼き加減の調整が重要だ。フランク・ペペのピッツェリア（ニューヘヴン）。

たりの地域にあるピッツェリアやピザを出すタバーンは、イタリア移民たちのあいだで人気になった。

また、イタリア系住民が増えていたコネティカット州ニューヘヴンでは、フランク・ペペが路上の屋台で〝ホワイト〟ピザ（オリーブオイル、オレガノ、アンチョビ）を売りはじめ、1925年には「ペペズ」を開店した。「ペペズ」と1938年開業の「サリーズ・アピッザ」のおかげで、アメリカのピザ地図にニューヘヴンが加わり、アサリ入りのホワイトピザのようなめずらしいメニューが注目を集めた。

ニューヨーク、ボストン、ニューヘヴン、ニュージャージー州トレントンなどの北東部の都市は、南イタリアからの移民たちを引き寄せ、彼らはピッツェリアの客になるとともに、経営者にもなっていく。しかし、第二次世界大戦までは、ピザは北東部の州のイタリア系コミュニティの食べ物にとどまり、それ以外の地域のアメリカ人はピザという名前さえ聞いたことがなかった。

## ◉帰還兵士とイタリア系アメリカ人

戦争が終わると、ちょうどナポリのピザがイタリア全土とヨーロッパに広まったように、一部の地域に住むイタリア系住民のものだったピザが、アメリカのほかの地域にも広まっていった。

ピザの評論家や歴史家はよく、この時期のピザ人気の高まりに大きな役割を果たしたのは、イタリアから帰還した兵士たちだったと指摘する。おそらく、彼らはイタリアのトラットリアや家庭でピザを味わったことだろう。戦争が終わりアメリカに戻ってきた彼らは、なつかしさからイタリア系アメリカ人のレストランをひいきにし、家庭でもピザの味を再現しようとした。

兵士たちがアメリカでのピザ消費を加速させたのは事実かもしれない。ただ、イタリア系アメリカ人も、地域の祭りや家族向けレストランを通してピザの宣伝に一役買ったという事実を忘れてはいけない。

戦前のピッツェリアの多くは近所の住民がたむろする薄暗い場所で、夜遅くまで開いてワインやビールを出すことも多く、イタリア系以外の客は入るのをためらうような雰囲気があった。しかし、祭りの露店や家族向けレストランでなら、イタリア系以外の客でも気軽に足を運んでピザを味わうことができた。

フードライターや料理本の執筆者も、主婦が家で作れるシンプルで楽しい軽食や食事（サラダや果物を添えて出す）としてピザを宣伝した。戦中から戦後にかけて、ピザは食の親善大使の役目を担って、アメリカとイタリアの関係を修復した。そして、ピザが広まった正確な経緯よりもっと重要なのは、地域限定のエスニックフードがあっという間にアメリカ人みんなに愛される食べ物に進化したということだ。

戦時中には、「トマトパイ」と呼ばれるものが人気だった。これはいってみればピザのトッピングの順番を逆にしたもので、先にモッツァレラチーズで生地を覆い、その上に缶詰のカットトマトをのせて焼く。そのバリエーションとして、ビスケット生地にタマネギ、トマト、レバーソーセージのスライスをのせためずらしいものもあった。帰還した兵士がイタリアの食べ物とは思いもしないようなものだ。

同じように、分厚いクラストのイングリッシュ・マフィン・ピザも、簡単に作れる軽食だったが、これもやはりイタリア人からはピザとは認められないだろう。たとえば、ラジオドラマで活躍していたイタリア系アメリカ人の喜劇俳優ジェリー・コロンナは、イングリッシュ・マフィン・ピザをホットコーヒーと一緒に食卓に出した（イタリア人はふつう、ピザと一緒にコーヒーを飲まない）。おそらく、イングリッシュ・マフィンはアメリカでは朝食用の食べ物だからだろう。

戦後まもない時期には、ピザは朝食を連想させる食べ物だったらしい。１９５６年、マンハッタンにあったデパートがピザ人気の高まりに目をつけ、買い物客のために〝ピザ・バー〟

Fresh
Hot
Pizza
Stuffed Pizza
Molly's

少ない食材で作ることができるピザは、イタリア系アメリカ人のストリートフェアで人気になり、やがて全米のフェアやカーニバルでも売られるようになった。

を開いた。これが大好評で、週に何千枚ものピザを売り上げたという。[4] 定番ピザと同じくらい人気だったのがピザレット（イングリッシュ・マフィン・ピザの一種）とピザベーグルだ。

## ◉パイのようなピザ

1940年代後半から50年代初めにかけて、家庭で作れるピザのレシピ本が出版されるようになった。これらの初期のレシピの多くは、ピザのボリュームを強調していた。クラストは分厚く、トッピングはたっぷりのせた。

テキサス出身のアイク・シーウェルは、アメリカ人は分厚く食べごたえのあるピザを好むと考え、1943年にシカゴで「ピッツェリア・ウノ」を開店した。最初は厚めのクラストとたっぷりのトッピングでイタリア系の客を引き寄せようと考えていたのだが、シーウェルはこの「ディープディッシュ・ピザ」が、イタリア系以外の客にも好評だと気がついた。生地を思いきり厚くして、深めの型に入れて焼くピザだ。1955年には2号店の「ピッツェリア・ドゥエ」もオープンした。

シーウェルの店で出されるディープディッシュ・ピザに刺激され、多くのライバルたちがシカゴとその周辺に次々とレストランを開いた。そのうちの何店かが1970年代に「スタッ

シカゴの「ピッツェリア・ウノ」

シカゴのディープディッシュ・ピザ

フト・ピザ」を開発した。ディープディッシュ・ピザの一番上に、もう1枚生地を重ねたものだ。

ディープディッシュ・ピザやトマトパイは、どちらかといえばルネサンス時代のイタリアの「トルタ」に近い。ピザにパイという名前をつけるのは、アメリカならではの発想だ。アメリカ人は1970年代になっても「ピザパイ」の名前をよく口にしていた。1953年に大ヒットしたディーン・マーティンの「ザッツ・アモーレ」という曲では、「君の瞳に映る大きなピザパイみたいな月」という歌詞が何度か繰り返される。しかし、皮肉にも、こうした〝アメリカ化〟によって、ピザは再びルネサンスのルーツに戻ることになったのだ。

## ●冷凍ピザの誕生

戦後のアメリカでピザが大人気になった背景には、技術の進歩という側面もある。家庭でピザが作れる材料一式《キット》や冷凍ピザの登場で、消費者はこの新しい食べ物を自宅でも味わえるようになった。手作りピザキットが初めて市場に現れたのは1948年で、1950年代初めには最初の冷凍ピザも登場した。50年代後半には、冷凍ピザ技術の特許が申請されるようになる。(5)

冷凍ピザは、技術的な理由から「トマトパイ」のトッピングの順番を逆にする必要があり、トマトピューレまたはトマトソースを先にフラットブレッドの上に塗ってから冷凍した。ピューレやソースのほうが生地をきれいに覆えるし、カットトマトのように水っぽくならないからだ。細かく刻んだ冷凍チーズは最後に加えた。

冷凍ピザの発売は、1950年代のアメリカの食生活を特徴づけるふたつのトレンドに目をつけたものだった。ひとつは、手軽な食品が好まれるようになったこと。アメリカ人が以前より食費にお金をかけるようになったこの時代に、テレビディナー［メインディッシュと付け合わせをワンプレートにセットした冷凍食品］、冷凍ミートパイ、チキンクロケット、出来合いのパンケーキなどとともに、ピザも大きな市場を形成した。

## ◉「ソウルフード」

もうひとつのトレンドは、いわゆる「ソウルフード」を求める動きだった。国や民族の文化的習慣を象徴する食べ物や料理のことだ。ベーグルがユダヤ人の食文化、春巻きが中国の食文化を代表していたように、ピザとスパゲティはイタリア料理の象徴だった。エスニックフードは1950年代には移民コミュニティだけで食べられていたが、やがてアメリカの郊

映画『サタデー・ナイト・フィーバー』(1977年) のワンシーン。イタリア系アメリカ人トニー・マネロ (ジョン・トラヴォルタ) がニューヨークの通りで、2枚重ねにして折りたたんだピザを食べている。

外にも広まっていった。それは、味の好みが変化したからだけでなく、効率的な流通経路ができ、エスニックフードを宣伝する広告キャンペーンが大々的に繰り広げられたためでもある。

19世紀後半から現在にいたるまで、ピザはイタリア系アメリカ人の文化と切っても切れない関係にあった。イタリア系アメリカ人が登場する映画では、その民族的アイデンティティの象徴としてピザを食べるシーンがよく使われる。たとえば『サタデー・ナイト・フィーバー』(1977年)では、ジョン・トラヴォルタ演じる主人公が、2枚重ねて折りたたんだニューヨーク風ピザのスライスにかぶりつきながら、ブルックリンの通りを闊歩する。それを見るだけで

スパイク・リー監督の『ドゥ・ザ・ライト・シング』(1989年)。「サルのピッツェリア」でのピザ作りのシーン。

彼がイタリア系だとはっきりわかり、整えた黒髪とゴールドのチェーンがその印象をさらに強める。

スパイク・リー監督の『ドゥ・ザ・ライト・シング』(1989年)では、アフリカ系とイタリア系住民の緊張関係を描くドラマの背景としてピッツェリアを使った。翌1990年の『グッドフェローズ』にも、イタリア系マフィアがピザ窯を本来とは違う目的で使っているシーンがある。郵便配達人の頭を窯のなかに突っ込もうとするのだ。

こうした映画はどれも、イタリア系アメリカ人をステレオタイプに表現するためにピザを利用している。もっと荒っぽい表現に頼らなくても、ピザやピザ窯を見せることで、より本物らしく見えるのだ。つまり、ピザとイタリア系アメリカ人の結びつきが、この移民グループの悪いほうのイメージを強調するのに一定の役割を果たすこともある。

２００６年のピザハットの「シチリア・ラザニア・ピザ」のコマーシャルには、年配のイタリア系アメリカ人のカップルが登場する。男性はマフィア風の古くさい格好で、女性は黒い服に白いエプロンをしている。もっと直接的な例もある。「ゴッドファーザー・ピザ」というレストランチェーンは、この店で出すピザは〝ギャングにも喜ばれる〟と宣伝している。

## ●宅配ピザの誕生

ピザは１９５０年代から60年代のアメリカで、エスニックフードブームの流れにしっかり乗っていた。スイス風のチーズフォンデュ・パーティーや裏庭でのハワイ風の宴《ルアウ》とともに、ピザは都心部から郊外へと移動した。非イタリア系の〝中流〟アメリカ人への人気の広まりはあっという間だった。料理評論家たちは１９５０年代初めの段階ではやくも、ピザがアメリカ人の大好物としてホットドッグに取って代わるのではないかと心配し、冷凍ピザメーカーは消費者の需要に生産が追いつかないほどだった。１９５３年から54年に５００万枚を超えるピザを売り上げたメーカーもある。

アメリカ人は伝統的なイタリア風ピザを味わいたいと思っていたが、実際に食べてしまうと、今度は新しい味とスタイルを求め、ピザと呼べるかどうかの境界線を徐々に広げていった。こうして生まれたのが、すでに述べたイングリッシュ・マフィン・ピザやベーグルピザだった。ほかにも、ベイクドポテト・ピザにはサワークリームとバターがトッピングされ、中西部のデザートピザは、モッツァレラチーズ、パウダーシュガー、シナモンとバナナをのせた。この遊び心たっぷりの創意工夫によって、ピザは家庭での軽食や食事にぴったりの食べ物になり、また技術の進歩によっていつでもピザが食べられるようになった。

ピザ人気のさらなる高まりとともに、ピザが消費される背景もまた劇的に変化した。戦争前の時代から、イタリア系アメリカ人は家でピザを作って食べていたが、通りで食べたり、ピッツェリアに集まって食べることも多かった。戦後になると、個人向けのピザが生まれ、自宅のキッチンやダイニングで自分ひとりで、あるいは家族だけでピザを食べるようになった。それを後押ししたのが冷凍ピザ技術の発達と宅配サービスの広まりだった。

ドミノ・ピザはミシガン州のイプシランティでトムとジェームズのモナハン兄弟が1960年に「ドミニック」として創業した。最初は大学都市で学生をターゲットにしていたが、スピーディーな配達が評判を呼び、やがて全米チェーンへと発展する。ピザの宅配サービスは大学生や労働者階級の生活には便利だった。

宅配ピザ注文のいたずら電話という新しい娯楽まで生まれた。何も知らない人たちのところに、いたずらで宅配ピザを（ときには数十枚も）注文して届けさせるというものだ。

こんな風変わりな例もある。ベトナム戦争のさなか、米陸軍の情報将校が、イリノイ州ウィルメットに住む反戦活動家と思われる人物の家に何十枚ものピザを配達させた。教育委員長で会計士でもあったその活動家は、それが嫌がらせだとはまったく気づかなかった。大学生くらいの息子たちがいたので、彼らが遊びにきた友人たちのためにピザを注文したと思ったのだ。「ピザが配達されたとき、何もたずねず、ただ財布を出して支払った」と彼は説明した。(6)

正式にはいたずらとは認められなくても、他人の名前でピザの宅配を注文する習慣も全米に広まった。ロイター通信がドミノ・ピザの配達ドライバーへの取材をもとに書いた2003年の記事を見ると、客が自分の本名を明かさずにピザを注文するときにもっともよく使う偽名は、「パリス・ヒルトン」らしい。

## ◉規格化ピザの隆盛

宅配サービスと冷凍ピザはものすごい勢いでピザの消費をアメリカ全域に広げ、アメリカ中でピザ人気を高める後押しをした。消費者の自宅に配達されたもっとも初期の食品のひと

宅配のピザをひとりで食べる。

つがピザだったことは間違いない。宅配サービスの発達によって、手早く食べられる食事、軽食、パーティーフードの注文がずっと楽になった。

１９７０年代初頭には、ピザは20代の若者のお気に入りのスナックになり、それ以外の世代にとってもハンバーガーとチーズバーガーに次ぐ人気だった。人気が出はじめた最初のころには、さまざまなアレンジが加えられたが、流通機構の発達は味と形の両方でピザの規格化を促すことになる。

ピザハットやドミノ・ピザのようなピザレストラン（次章でさらにくわしく取り上げる）は、中西部で生まれた。ピザハットの１号店は１９５８年にカンザス州ウィチタでオープンしている。

多くのファストフード・レストランがそうであるように、ピザハットのようなフランチャイズ・レストランは、まず家族連れの客のあいだで人気になった。子供連れにやさしい、少なくとも子供に寛容な環境で食事ができ、予想を裏切らない信頼できる食べ物を出すレストランを求める人たちだ。１９７７年には、ピザハットの店舗数は３４００に増え、世界への拡大計画も進んでいた。

ドミノ・ピザが拡大を始めるのは１９８０年代になってからで、こちらはほぼ全面的に宅配に集中するビジネス方式を選んだ。それでも、ドミノのピザには熱狂的なファンがついた。その理由は、味がよかったからでも、独創的だったからでもない。消費者がチェーン店を好んだ理由は、どんなピザがくるのか予想を裏切られる心配がなかったからだ。

ドミノ・ピザはおそらくアメリカでもっとも広範囲にチェーン展開している。客は自分が注文したピザがどんなピザなのかが、はっきりわかっている。ソースはあまりスパイシーではなく、溶けたチーズはそれほど糸を引かない。ほんの少し甘みがあり、ペパロニがトッピングされたピザでさえ、すぐにドミノのピザだとわかる。予算のかぎられた消費者（大学生や独身者）がドミノ・ピザを注文するのは、安いからだけではなく、一度にどれだけの量を食べられるかがはっきりわかっていて、温め直しても味がいいからだ。

味が一定していて予想どおりのものが食べられるという点は、冷凍ピザにも当てはまる（ときおり食中毒の発生で騒ぎになったり、消費者や健康意識の高い人たちから栄養に乏しいと批判されたりはするが）。冷凍ピザは家族の空腹を満たすためのもっとも安上がりで手早く用意できる食べ物になった。

「トゥームストーン」など冷凍ピザのブランドのいくつかは、複数枚入りのパッケージも売り出している。トゥームストーン・ピザはペップとロンのシメック兄弟が1962年に創業した。最初はウィスコンシン州のバーに売っていたのだが、売り上げがどんどん増えたため、冷凍ピザ工場を建設し、バーや居酒屋、ボウリング場、ガソリンスタンド、小さな食

アメリカンピザの代表、ペパロニ・ピザ。ピザハットやドミノ・ピザのおかげで、今では世界中で食べることができる。

料品店に卸すようになった。１９８０年代半ばには全米で最大の冷凍ピザ工場をもち、売上高は1億ドルを超えた。そして１９８６年、シメック兄弟はトゥームストーン・ピザをクラフトフーズ社に売却した。

## ◉巨大企業の「質素」なイメージ戦略

彼らの物語は、冷凍ピザ会社に典型的なものだ。冷凍ピザ人気の勢いに乗って利益を上げ、ある程度成長したところで大手企業に会社を売却する。通常は、買収した企業はもとの社名をそのまま使い、質と味にこだわりをもつピザ職人が作ったピザというイメージを積極的に押し出す。

規格化されたピザの製造会社は、ピザは質素なイメージを保ったほうがいいとよくわかっていた。ピザのフランチャイズ店や冷凍ピザにつけられる名前を見れば、それがわかる。たいていは地元のピッツェリアの家庭の味を強調した名前か――「パパ」や「ママ」のついたブランド名が多い――、どれだけ大々的に運営していても、小さなビジネスに見せるような名前かのどちらかだ(7)。

たとえば、ピザハットのフランチャイズ店は、今では世界中で1万店舗を超えているが、あくまでも小さな〝小屋《ハット》〟のイメージを保とうとしている。1970年代の「ママ・セレステ」の冷凍ピザのコマーシャルは、材料をけちってコストを減らしたいと思っているピザ会社の重役たちを、小柄なイタリア系アメリカ人女性が叱りつけるというものだ（ママ・セレステのキャラクターは、販売元のクエーカー・オーツ社に家族経営のイタリア系食品加工会社を売却したミセス・リツィオをモデルにしている）。

1970年代には、ピザはもうアメリカ人家庭の母親が自宅のキッチンで作るタイプの食べ物ではなかったが、消費者は買ってきたピザを温めたり、冷凍ピザを食べたりしているときに、誰かの母親が自分を見守ってくれていると考えたかったのだ。

いくつかの点で、こうした素朴な食べ物としてのイメージは、18世紀のナポリでもともと食べられていたピザのクオリティを忠実に保っている。そもそもこの食べ物が当時のナポリで人気になった理由は、その素朴さにあった。冷戦時代のアメリカであれ、18世紀のナポリであれ、ピザはどこでも安く手に入った。生活費を切り詰めてドミノ・ピザの5ドルの宅配スペシャルを買う大学生や、トゥームストーンの冷凍ピザで空腹を満たす貧しい家族は、ある意味で、粗末な家の前の階段に座って切り売りのピザを食べていたナポリのラッザローニたちの直系の子孫といえる。

## ◉反動

1970年代から80年代にかけて、冷凍ピザやファストフードのピザの人気と売り上げが着実に伸びたことを考えれば、質素な食べ物というイメージ戦略は成功したようだ。しかし、当然といえば当然ながら、規格化されたピザがどこでも手に入るという状況は、少なくともふたつの形で反動を招いた。

ひとつは、カリフォルニア・スタイルのグルメピザ現象だ。きっかけは、高級食材を使ったグルメフードの配達ですでに有名だったレストラン2店が、1980年代にピザを作りはじめたことだった。

1982年、ハリウッドに「スパーゴ」を開店したウルフギャング・パックが、ピザシェフとしてエド・ラドウを雇った。ラドウはそれまでのバーベキューチキンピザに、もっと高級感のある食材を加えた。トリュフ、スモークサーモン、キャビアなどだ。なかには1枚30ドルもするピザさえあった。

2、3年のあいだ、セレブ客にこうしたピザを提供したあと、ラドウはスパーゴを離れ、「カリフォルニア・ピザ・キッチン」のメニューを考案した。グルメピザを大衆にも手の届くものにしたチェーン店だ。カリフォルニアでは、シェフのアリス・ウォータースも1980

年にオープンした「シェ・パニーズ・カフェ」にピザ窯を備えつけ、イラクサ［ワイルドネトル。野草の一種］・ピザに代表される、地元ならではの食材を使ったオーガニックピザをメニューに加えた。

規格化ピザの人気の高まりへのもうひとつの反動は、ピッツェリアを伝統的なアメリカのスモールビジネスとして残し、本物のピザとピザ作りに敬意を表そうという動きだ。

このピザのルーツへの回帰運動は、さまざまな形をとった。アメリカのベスト・ピザレストランの紹介記事やガイドブックの発行（ピーター・ラインハートの『アメリカン・パイ *American Pie*』や、ジェフ・ルビーの『みんなピザが大好き *Everybody Loves Pizza*』、エド・レヴィンの『天国のひと切れ *A Slice of Heaven*』など）のほか、一流のピザ職人を称えるウェブサイト（pizzatherapy.com）も開設された。

この（ときにはとりつかれたような）本物のピザの探求に誰より熱心に取り組んだのが、アリゾナ州フェニックスで「ピッツェリア・ビアンコ」を経営するピザ職人のクリス・ビアンコだった。このピッツェリアは本物志向のピザファンのあいだでは伝説の店とされている。メニューはほんの2、3種類しかなく、伝統的なイタリアンスタイルのピザからそう遠く離れていない。この店で食事を楽しみたい客は何時間も列に並んで待つ。ビアンコ自身のピザ作りに妥協をしない姿勢も広く称賛されている。

## ◉〝本物〟志向

最近のピザ評論家たちのあいだでは、「芸術家としてのピッツァイオーロ（ピザ職人）の時代は終わったのか」が議論のテーマになっている。グルメピザでさえ、ピザ作りを専門にしているわけではない料理人たちが、流れ作業で作っていることが多いからだ。その一方で、より本物に近いピザを求める動きはアメリカの隅々まで広がり、全国的なピザ・チェーンにさえ影響を与えている。たとえば、パパ・ジョンズは、ふつうのピザ・チェーンとは一味違うと宣伝し、新鮮な高級食材を売りにしている。パパ・マーフィーズも新鮮食材を使った〝取れたて・焼きたて〟ピザを提供している。

こうした〝本物〟志向は、イタリア人がナポリ・ピザを保存しようとするのとよく似ているように思える。しかし、ピザがイタリア生まれの食べ物であることを考えれば、アメリカの場合には、この探求は〝これまでなかったピザ〟を探すという目的に変わる。

ピザ好きのなかには、ニューヨークの「ロンバルディ」を巡礼の地とする人もいれば、最高のシカゴ・ピザや、最高のニューへヴン・ピザを探し求める人もいる。このように特定の地域に目を向けるのは、ピザのグローバル化へのひとつの反応だった。食の好みに関しては、じつはグローバル化とローカル化が同時に起こりやすい。戦後のアメリカで、移動が多く、生活のペースを速めていた人たちにとって、シカゴの「ピッツェリア・ウノ」1号店であれ、ニューヨークの改装された「ロンバルディ」であれ、ピザのある店は根を下ろせる居場所を与えてくれた。経済的に豊かになり、多くの文化が入り混じる社会で、ピザは自分を見失わずにいられるよりどころになったのだ。

## ◉ふたつの道

ピザはアメリカ中に延びる、互いに結びついた2本の道を走りだしたように見える。まず、シンプルな道がある。自宅であれ、地元のピッツェリアであれ、伝統のマルゲリータにできるだけ忠実なピザへの需要はつねにあったし、これからもなくなることはないだろう。アメリカでは、この需要が生まれる背景は、時代とともに変わってきた。イタリア系移民のルーツに戻ろうという動き、エスニックフードへの関心、さらには、規格化された食品や過剰に加工された食品への反感もあった。ピザの種類やトッピングがどれだけ変わっても、チーズとトマトの伝統的なピザが時代遅れになることはない。

そして、もうひとつの道が、オリジナリティにあふれた新しいピザだ。第二次世界大戦中から戦後の時代に、ピザの人気が最初にニュース記事に取り上げられてから、アメリカ人はピザを広く解釈してさまざまに実験してきた。そうした創造性から、アメリカ人がピザを国民的な娯楽として受け入れてきたことがわかる。それは単にピザを食べる行為だけにとどまらない。つねに変化する料理の流行にピザも組み入れようと、飽きることなく新しいスタイルが考えだされてきた。

『アメリカン・パイ』を書いたピーター・ラインハートは、完璧なピザの探求について、「境界線はどんどん広げられていく。伝統や習慣よりは、味の追求がその原動力になっている」と書いている。(8) アメリカ人がピザに注ぎ込む創造性と熱意は、アメリカ文化におけるピザのメタファー(隠喩《いんゆ》)としての使われ方にも表れている。たとえば、ピザは世界について学ぶツールとしてよく使われる。高校生に物理を教えるときにも、児童文学のテーマとしても。よいか悪いかは別として、アメリカ人はピザ文化を変革した。あるいは、少なくともどこまでがピザとして認められるかの境界線を押し広げた。しかも、その変革はほんの短い期間に成し遂げられた。1945年には、アメリカでピザがどんな食べ物かを知っている人はほんのわずかだった。20年後には、あらゆるタイプのピザが国中にあふれ、どの町でも目に入るようになっていた。

ピザの評論家はよく、アメリカのピザのファストフード化を嘆いている。しかし、彼らは忘れているのだ。おそらくピザは、イタリアからアメリカへ、そして世界へと渡った最初の

「ファストフード」だった。次の章で取り上げるように、アメリカ以外でも多くの国がピザをそれぞれの国に合わせた形で受け入れた。そうした国の消費者の多くが最初にピザと出合ったのは、イタリア人移民が経営するピッツェリアではなく、ピザハットだったはずだ。

ピザという料理へのアメリカの貢献度に関しては議論の余地があるかもしれない。しかし、経済的・技術的な貢献という点では、ピザが世界中のこれだけ広い範囲に広まったのは、アメリカのおかげといっていいだろう。

# 第3章◉ピザは世界を征服する

## ◉世界にピザを広めたのは……

アメリカのピザ好きたちは、「アメリカにピザを持ち込んだのはイタリア人かもしれないが、世界にピザを広めたのはアメリカだ」と思っている。(1)

そのアメリカ人が世界に広めたのは、規格化されたピザだった。ピザハットやドミノ・ピザのようなフランチャイズ・レストランを通して世界中で人気になったピザは、ナポリの職人が手作りするピザとは似ても似つかない。アメリカ発のピザは大きく、何人かで分け合って食べることを想定して作られる。切れ目を入れた状態で運ばれてくるのは、手で食べやすくするためだ。ピザハットの一人前「パーソナルサイズ」のものでさえ、4つに切り分けら

スチール製のピザオーブン。まき窯の代替品。

れている。

また、サクッとした〝クリスピー〟なクラストを盛んに宣伝しているにもかかわらず、たいていしんなりしている。トレイにのせたピザをスチール製オーブンのラックの上に置いて焼くからだ。

こうしたピザには、たいてい宅配サービスがあるので、消費者は好きなときに、好きなスタイルで、自宅で手軽に食べることができる。

規格化ピザは、ふつうすぎるという理由で批判されることが多い。シカゴで食べるエクストラチーズのピザは、シドニーで注文するものとまったく同じに見える。料理に対して保守的な人は、この一貫性を評価する。なぜなら、チェーン店のピザは、注文するときにどんなものが届くかが正確にわかるという意味で信頼できるからだ。

しかし、こうした規格化ピザが地理や文化の境界線をまたいで世界に広まったときに、おもしろいことが起こった。世界中の消費者が自分たちの好みに合わせてピザをアレンジしたため、規格化ピザが逆に多様化していったのだ。

この章では、規格化ピザの奇妙な進化の過程をたどることにする。まずはアメリカでの変化を追い、それから世界へと目を向ける。もっともなことながら、大量生産されるピザは、消費者の味覚を鈍らせ、街角のピッツェリアや独立したピザ職人の生活を脅かしていると批判されてきた。しかし同時に、大量生産されるピザがあったからこそ、この食べ物は世界中の人々から愛されるようになった。

おそらく世界の人々の多くが口にしてきたのは、伝統的なナポリ・ピザではなく、ペパロニとチーズのピザのような、アメリカンスタイルのピザだっただろう。もちろん、イタリア移民がピザの人気を高めるのに一役買ったことは間違いない。それでも、ピザの世界進出に勢いを与えたのは、アメリカにおけるイノベーション――フランチャイズ化や効果的なマーケティング――と、創造的で自由なピザ作りへのアプローチだった。世界規模でのピザの歴史は、利益と技術と創造性を追い求める熱意によって築かれてきたのだ。

地球の果てのピザ。北極海の軍艦の上でカルツォーネ（ピザの親戚）を作る。

## ◉伝統の破壊

前章で述べたように、ピザはイタリアからアメリカへ渡るとすぐに、経済的・文化的な環境の変化に適応しはじめた。そこからさらに世界各地に広まると、その土地に住む消費者の好みに合わせて、さらに変化を重ねていった。世界への拡大には企業が大きな役割を果たしていたものの、規格化ピザにまつわる皮肉は、世界中で売れる食べ物にするためには、規格化の度合いを弱める必要があったということだ（もちろん、世界中どこでも手に入るチーズピザを除いて）。

これから見ていくように、ある地域に——場合によってはチェーン・レストランによって——ピザが紹介されると、すぐにその土地ならではの新たな実験が始まる。ピザ好きたちは自らレストランを開き、一般の消費者もピザを〝食べられる皿〟に見立てて自分なりの軽食にアレンジするのである。

可能性は無限にある。たとえば、日本の人気チェーン店「ピザーラ」は、驚くほど多くの種類のピザを提供している。イタリア風とみなせるものもあれば、アメリカ風、日本風、そして、地理や文化的な起源がたどれないものもある。ここまでくると、規格化ピザはもはや規格でも何でもない。ピザを一度味わった消費者は実験したくなる気持ちを抑えきれなくな

ピザの競争相手となるファストフードも増えた。たとえば、中東や北アフリカからの移民が持ち込んだケバブやファラフェル［ひよこ豆やそら豆を丸く成形して揚げたもの］がある。

ピザのほかにケバブやファラフェルも売るピッツェリア。オーストリアのウィーン。

ベトナムのサイゴンにあるピッツェリア

ピザの最新トレンド、ピザコーン。

り、それぞれに工夫をこらしたピザを考案する。

　ピザの伝統にこだわりをもつ人たちは、これらの新しいタイプのピザ――イカスミピザ、マヨネーズをトッピングしたピザ、スイートコーン・ピザ――は、芸術としてのピザ作りへの侮辱と考える。とくにイタリア人の評論家は多文化のピザというコンセプトになじめず、第1章で見たように、イタリア文化の歴史的遺産としてのピザを守ろうと努力してきた。

　そして、政府が伝統のナポリ・ピザの保護に乗りだしてもなお、最近のトレンドにやきもきし、非難する人たちがいる（現在やり玉にあがっているのは「ピザコーン」と呼ばれるもののようだ）［アイスクリームコーンのような手に握りやすいコーン型にピザを焼き上げ、中に具を詰めたもの］。

　ピザの〝退化〟は文学やメディアで取り上げられるテーマにもなり、ファストフード世界の悲しい現実の象徴としてしばしば引き合いにだされる。イタリアと世界のピザファンが規格化ピザを非難するのは、そこに「魂」が欠けているからだ。こうしたピザは利益のために作られるのであって、ピザ作りへの愛は込められていない。大量生産されるピザは、ピザからすべての楽しみと愛を奪い去ってしまった。そう訴える人もいる。

## ◉規格化されたピザを食べる理由

規格化されたピザについての議論のほとんどは、ピザの味に対するものだ。しかし正直にいって、こうした議論が論点を見失っているのは明らかだ。というのは、規格化されたピザに人気が集まったのは、それがおいしいからではない。どんな種類のピザも、たいていは味以外の理由で食べられている。流行《はや》りの食べ物だから食べているのかもしれない。イタリアやアメリカを連想させるから、安いから、お腹がいっぱいになるから、ただそこにあるから、という理由で食べるのかもしれない。

そう考えれば、ピザ作りの社会的、技術的、ビジネスとしての背景を探ることで、なぜ、どのように、ピザが世界的な現象になったかについてもわかってくるはずだ。

ピザは世界中の食に対する考え方、とくに食事や軽食の意味合いを大きく変えてきた。現在、世界中で食べられている規格化されたタイプのものが、ピザを手早く、便利で、気取らない、〝気軽な〟食べ物にした。何が食事または軽食とみなされるかは、家庭生活のリズム、仕事の形式、文化や習慣によって変化する。ピザはその変化のプロセスに重要な役割を果たした。おそらく、ピザは最初の「ファストフード」だった。そして、ありとあらゆる形をとりながら、世界中で愛される食べ物であり続けている。

## ◉フランチャイズ化というシステム

規格化されたピザの味は予想がつく。生地はやわらかく、トマトソースは甘く、乾燥ハーブで風味づけされ、チーズはハードタイプの（やわらかくはない）モッツァレラだ。

アメリカンスタイルのピザの世界的な人気は、ひと握りの起業家の力に負うところが大きい。彼らがマーケティングとテクノロジーの力を使ってピザを世界の隅々まで送り届けたのだ。その背景となったのが、アメリカの独特なビジネス習慣、とくにフランチャイズ化というシステムだった。

第二次世界大戦以前の時代に、アメリカのフランチャイズ習慣は、ものを売ることからサービスを売ることへと変化した。食品の調理もそうしたサービスに含まれた。フランチャイズの歴史にくわしい研究者によれば、戦後になってフランチャイズというビジネス様式がますます盛んになったのは、経済効率とビッグビジネスの信頼性に、「個人としての満足の追求と、スモールビジネス経営による社会的地位の向上」が結びついたからだった[2]。

ブランド商品になじんでいたアメリカの消費者は、フランチャイズ店を信頼できる食事場所として受け入れた。そして、働く女性が増えるにつれ、消費者はますますフランチャイズのフード店の便利さを好むようになった。短時間で家族全員の食事を用意できるからだ。

初期のピザ・フランチャイズの起業家たちは、競争相手になるイタリア系アメリカ人のピッツェリアが少ない中西部に店を出すことで成功した。ドミノ・ピザはミシガン州、ピザハットはカンザス州で生まれた。どちらの創業者もイタリアからやってきたばかりの移民ではなく、ピザ作りのプロでもない。彼らはピザ販売の将来性に目をつけた実業家で、客観的に見れば、起業の動機はピザへの愛ではなく、利益追求だった。ピザ製造の効率化に励んだ彼らの努力によって、ピザはイタリアのルーツから切り離されていった。

フランチャイズ店のピザを最初に食べた中西部のアメリカ人は、クリスピークラスト、トマトソース、チーズたっぷりのピザを好んだ。技術の進歩とコスト面での理由から、新鮮な食材ではなく既成の、あるいは加工された食材に目が向けられ、調理ずみのトマトソースと、牛乳から作るかためのモッツァレラ（溶けても形を保つくらいのかたさ）を使う規格化ピザが生まれた。

アメリカ人はピザにたくさんの具材をトッピングすることも好んだ。フランチャイズのピザ店は、あらゆる種類の肉や野菜をピザの上にこんもりとのせる。この豊かさの強調は、ほんの2、3の食材だけを使うシンプルなナポリ・ピザとは大違いだ。フランチャイズ店もときにはイタリアを連想させる商品を試してみることがある――ピザハットのパスタメニュー、シチリア風ピザ、ラザニア・ピザなど。しかし、メニューを見ると、好みに合わせて選べるトッピングの種類の多さが強調され、イタリアやイタリア人とは無関係のピザがずらっと並んでいる。

## ◉ピザハット

ピザハットは、フランクとダンのカーニー兄弟が1958年に創業した。彼らのビジネスは大成功し、10年後には310店舗にまで増えていた。この店では中西部と南部で人気の、薄いクラストにスパイシーソースのピザを売っていたが、店舗が拡大するにつれ、もちっとした生地を好む北東部の客の好みにも応えなければならなくなった。ピザの種類の多さとファミリー向けの雰囲気、そして、あまり大きくない町に戦略的にレストランを開店していったことが、ピザハットの成功の秘密だった。

　ピザハットは赤い屋根をつけたキノコのようにあちこちに増え（１９７３年に店舗の大きさとして10×20メートルの基準が採用された）、１９７７年にはアメリカ国内と海外を合わせ３４００店舗に拡大した（海外進出の開始は１９６８年）。この年、フランク・カーニーはピザハットをペプシコ［ペプシコーラで知られる大手食品・飲料会社］に３億ドルで売却したが（兄のダンは１９７３年にピザハットの事業を離れていた）、それ以降もレストランの開店は続いた。

　そして１９８０年代になると、国内外の市場の支配を確実にするため、さらに多くの店舗を開店し、できるだけ多くの土地にピザを届けようという野心的なキャンペーンに乗りだした。この拡大で、ピザハットは家族向けレストランの割合を減らし、フードコートの「ピザハット・エクスプレス」、空港の「ピザハット・キオスク」、また、カフェテリアや病院への出店を増やすことになった。ピザハット、タコベル、ケンタッキーフライドチキン（ＫＦＣ）が一緒になったレストランを開店したところもある。

　この再編計画には、デリバリーピザの最大手であるドミノ・ピザに対抗しようという果敢な試みも含まれた。たとえば、アメリカの主要都市に代表電話番号を登録し、客が電話をかけると自動的に最寄りの店舗にまわされるようにした。また、注文をコンピュータファイル

Pizza Hut
VENTE A EMPORTER
PIZZA HUT
EN GREVE
1 pizza achetée
=
1 salarié offert
LA PIZZA PÂTE FINE À PARTIR DE
8,90€
POUR 2 PERS.
Pizza Hut
PIZZA HUT
EN GREVE

ストライキ中のパリ。店の前に並んだままのピザハットの配達用オートバイ。2006年。

モスクワのピザハットの外にできた客の列。1995年。

にデータとして残し、将来の参考にできるようにした。そして、何度も繰り返されるいたずら電話を従業員がチェックできるようにした。もちろん、こうしたきめ細かい戦略は功を奏して、ピザハットのピザを買う消費者の数は増えていった。

1980年代には、世界的知名度を上げるためのキャンペーンにも打って出た。冷戦の末期から、ピザハットは熱心に社会主義国に働きかけていた。1988年にはその努力が実り、中国に進出した最初のピザ・チェーンとして、中国人向けのレストランを北京に開店する（それまで中国でピザを買えるのは外国人旅行者だけだった）。

同じ年にはソ連への進出も模索し、1990年にモスクワに1号店を開店している。これはピザの提供だけでなく、レストラン事業としての展開も意図したものだ。ロシア人は塩気の強い食べ物を好むので、トッピングする食材にはサーモンやイワシも加えた。宣伝にミハイル・ゴルバチョフ［旧ソ連の初代にして最後の大統領］を起用するなどマーケティングに力を入れたものの、ピザハットは旧ソ連ではあまり成功できなかった。それでも、ピザハット・ポーランドが最近になってロシアのフランチャイズを買い取り、野心的な拡大計画を練っている。

ピザハットが征服に失敗したもうひとつの国がイタリアだった。1990年代初めにパルマにフランチャイズ店を開こうとしたが、失敗に終わる。しかし、ロシアとイタリアは、ほんのふたつの例外にすぎない。

現在、ピザハットはアメリカに8000店、世界90か国に4000店と、圧倒的な店舗数を誇る。その世界的な拡大の成功に続き、今度は宇宙へのデリバリーでも食品業界のリーダーになると誓った。1999年にはその言葉どおり「宇宙の商業化」のパイオニアとなり、長さ60メートルほどの胴体にピザハットのロゴが描かれた「プロトン」ロケットが、2000年に打ち上げられた。2001年には、ロシアの食品科学者と協力して、国際宇宙ステーションに初めてのピザを送り届けている。

1997年、ペプシコはピザハットを含むレストラン部門を分離させ、トリコン・グローバル・レストランという独立した企業として上場した。トリコンは2002年にヨークシャー・グローバル・レストランを買収し、ヤム！ブランズに社名を変更する（ヤム！はタコベルとKFCほかのレストランも所有する）。これによって世界に3万4000店を展開する巨大なレストラン企業の一部となったピザハットは、50年で世界最大のピザ帝国を築いた。

その成功へのレシピには、製品の製造・流通の厳しい管理も含まれる。1970年代から、ピザハットは個人経営のフランチャイズ店よりも大きなチェーンを取り込む路線を選び、個人のフランチャイズ店を買い戻して統合を進め、少数の事業ユニットにまとめていった。ピザハット自らが所有するのはそのうち約半数のレストランだ。

適応能力の高さも、ピザハットが成功した理由のひとつだった。アメリカ国内でイタリア系のビジネスが強い地域に進出するときには、消費者がすでにピザとして理解しているものから離れすぎないように新しいクラストやソースのレシピを考案した。そして、競争相手をつぶすことまではできなかったものの（北東部には多くの小さなピッツェリアが今も存続している。イタリア風、ギリシア風のピザが変わらず好まれているからだ）、一部の地域ではシェアを拡大することに成功した。たとえば、イタリア系移民の多いニュージャージー州では全国平均の2倍の量を売り上げている。

アメリカ国内では地域ごとに適応を続け、生地のタイプや形を変えるだけでなく、新しい世代の消費者にアピールしようと方向転換を図っている。いわゆる「エコーブーマー」（ベビーブーム世代の子供たち）はたっぷりチーズがのったピザを好み、生地にもチーズが入ったものを喜ぶ。そこでピザハットが考えたのが、生地の耳部分にチーズを詰めたチーズクラストだった。クラストをちぎって食べれば、一口サイズのチーズスナックにもなるものだ。

ピザハットは世界においても、進出した先々の国の食文化に合わせてさまざまな商品を作りだした。ウェブサイトを見ると、1996年に開店したインドの店舗では、インド風のピザを提供している。ベジタリアン向けと一般向けにメニューを分け、定番のペパロニとエクストラチーズに加え、マトン・シーク・ケバブ、コリアンダー、パニール（近東地域で作られるチーズ）をトッピングしたピザもある。インドはピザハットが大成功を収めた国ではないが、メニューの豊富さを見ると、新しい客にアピールしようというピザハットの熱意だけでなく、インド人の好みに合わせようとした結果、ピザのレパートリーの思わぬ拡大につながったことがわかる。

ポーランドでは、地元の味覚と世界の味覚の両方を取りそろえて客を集めようとしている。メニューにはマルゲリータ、ペパロニ・ピザ、ハワイアンピザのような定番もあるが、主役はもっと世界を意識しためずらしいピザだ。マラケシュ、ベルリン、オスロ、ドバイ、バルセロナなど世界の都市の名前をつけたピザで、食の世界ツアーを提供している（「バルセロナ」

ポーランドのワルシャワにできた複合レストラン（ピザハットとKFC)。2000年。

はピザの上にパエリヤをのせたもので、トマト、豆、米、エビを使う)。その一方で、ポーランドの都市の名前をつけたピザは、冒険は避けたいと考える客のためになじみのあるトッピングを使っている(「クラクフ」はキルバサ[ポーランドのにんにく入り燻製ソーセージ]と、キャベツの酢漬けをのせている)。

また、通常のピザハットはアルコール類を出さないのだが(ファミリー向けのレストランだから、あるいは宗教的な理由から)、ポーランドの店舗ではワイン、ビール、カクテルも出しているので、ピザと一緒にテキーラ・サンライズかジントニックでも飲みたいという客には喜ばれる。

ピザハットのようなチェーン・レストランがその土地のトレンドを取り入れているのか、あるいは新しい習慣をつくり出しているのかは議論が分かれるところだが、チェーン店が提供する規格化されているはずのピザは、実際にはありきたりでもなければ、心がこもっていないわけでもない。ピザハットの国外店舗は、驚くほどクリエイティブで斬新な発想のピザを世界に紹介している。

## ●ドミノ・ピザ

現在、世界中で知られるもうひとつの大手ピザ・チェーンといえば、ドミノ・ピザだろう。ドミノ・ピザは、トムとジェームズのモナハン兄弟が1960年にミシガン州イプシランティで「ドミニック」として創業した。トム・モナハンは1965年に弟の持ち分の株を買い取り、店の名前を「ドミノズ（ドミノ・ピザ）」に改称。1967年にフランチャイズ展開を開始した。

ピザハットのフランク・カーニーは抜け目なく目標を追求する実業家として知られていたが、ビジネスウィーク誌によれば、モナハンは〝遊び好きなピザのプリンス〟と呼ばれ、気まぐれな性格、疑わしいビジネス決定、宗教心の深さで知られていた(3)。会社の利益をクラシックカー、フランク・ロイド・ライトの家具、野球チーム（1983年にデトロイト・タイガースを買収）などにつぎ込んだことでは批判を浴びた。

最初のうち、ドミノ・ピザのアメリカ国内での事業展開はゆっくりしたものだった。1978年にはまだ200店舗しかなかったが、それから1983年までに急成長して1000店舗に達し、国外進出の手始めとしてカナダに出店した。家族客をターゲットにしたカーニーとは違い、モナハンは大学生と若者をターゲットに定め、大学や軍の基地の近くに店を開いた。

ドミノのモットーは効率とスピードだった。モナハンはピザ窯に換えて〝観覧車〟型の回転式オーブンを導入し、もっとたくさんのピザを焼けるようにした。さらに、オーブンの棚に直接ピザを置くのではなく、金属製のメッシュトレイを使うことで、ピザを手早く扱えるようにした。

電光石火の勢いでピザを作り配達できると自信たっぷりだったモナハンは、「30分以内に届かなければ無料」を保証した（のちに3ドルの割引に変更される）。しかし、このキャンペーンは物議をかもし、消費者団体や労働者の安全促進団体の多くがボイコット運動を起こした。スピードを重視するあまり、配達ドライバーが危険な運転をするようになると考えたからだ。反対する団体は全米安全職場研究所の統計データを引きあいに出した。それによれば、ドミノ・ピザの従業員の1989年の死亡率は10万人あたり50人だった。これは鉱山や重建設現場で働く人たちにも匹敵する数字だ。(4)

結局、スピーディーな配達を強調するこの戦略は、１９９３年で終了した。きっかけは１９８９年に起こった交通事故だった。ドミノ・ピザのドライバーが赤信号を無視して、ジーン・キンダーという女性をはねていた。セントルイスの陪審員はドミノ・ピザに対し、実際のけがの補償として75万ドル、懲罰的損害補償として７８００万ドルをキンダーに支払うように求めた。

同じ１９９３年には、ドミノ・ピザのドライバーがからんだ交通事故で死亡したイリノイ州カルメットシティのスーザン・ウォーチョップの家族に対しても、２８０万ドルの支払いが求められた。(5) セントルイスの陪審員がドミノ・ピザに送ろうとしたメッセージは、スピーディーなピザの配達のために誰かが死亡したり障害を負ったりする必要はない、というものだ。だが、モナハンはその裁定を〝ショッキング〟と表現し、ドミノ・ピザが速いのは店舗内での作業が速いためで、路上でスピードを出しているからではないと主張した。しかし、最終的には30分保証を取りやめることにした。

それから5年後の１９９８年、モナハンは推定10億ドルでドミノ・ピザをベインキャピタル社に売却し、その売却益の大部分を慈善団体に寄付した。それ以来、彼はアメリカを代表する慈善活動家のひとりとなり、自分が設立したアヴェ・マリア基金を通して保守派カトリック最大の後援者となっている。

ファストフード店はどこもそうだが、ドミノ・ピザも商品の種類を広げ、シナモンパン、チキンウィングなどのサイドメニューを増やしてきた。世界市場への拡大を現在も着実に続けるピザハットとは異なり、ドミノ・ピザはファストフードピザのカテゴリーでは第2位の地位に甘んじ、それほどドラマチックな成長を経験してはいない。売り上げが2005年の33億ドルから2006年に32億ドルに落ちたあと、ピザをもっと個人の好みに合わせたものにしようと、生地とソースの種類をさらに増やしてきた。(6)

## ◉新しいピザを求めて

アメリカ国内では、生地をふんわりやわらかにして、1990年代から市場で人気になったベーキングパウダー入りの冷凍ピザと競争しなければならなかった。どこでも買えて、持ち運びしやすいという点で、ピザ・チェーンはファストフードとしてのピザの便利さを格段に進歩させたが、今度は、消費者の好みにどれだけ合わせられるかが重要になった。効率性を高めるだけでなく、選択肢をもっと広げることで、さらに便利になることが求められている。テクノロジーにも適応しなければならない。今では冷凍ピザでも、デリバリーピザに負けないレベルのおいしさを実現しているのだから。

ここまで見てきたように、規格化ピザはアメリカ中西部で非イタリア移民の実業家によって生まれた。ピザ作りをビジネスとしてとらえた彼らは、世界最大のピザレストランを誕生させた。その一方で、ピザ業界はいくつもの道を切り開きながら発達し、もっと小さなチェーンもまた、ピザの新しい食べ方を紹介し、私たちのピザに対する考え方に影響を与えてきた。

ピザとエンターテインメントを結びつけたのは、1954年にカリフォルニアで創業した「シェーキーズ」が最初だった。ピザとライブ音楽を組み合わせたのだ。その後、1977年に同じカリフォルニア州のサンノゼで、ノーラン・K・ブッシュネルが「ピザ・タイム・シアター」を設立した。ビデオゲーム会社アタリの創業者として知られるブッシュネルは、ロボットの動物のショーを見ながら食事をする客にピザを提供した。このレストランでは子供たちが電子ゲームで遊ぶためのトークン（代用硬貨）も売っていた（ピザを頼むと何枚かトークンがついてくる）。

ピザ・タイム・シアターはその後、チャック・E・チーズと名前を変え、現在は子供と家族向けの娯楽を専門にしている。チャック・E・チーズは拡大を続け、2000年の300店舗から2007年にはアメリカとカナダに500店舗を数えた。週末には子供たちと親が大勢やってきて、誕生日やら何かの記念日の祝いやらで大騒ぎになる（その様子は、1995年の映画『トイ・ストーリー』のなかで、どちらかといえばファンタジックに描かれている）。レストランではピザも出しているが、それに気づいている客がいるかどうかは疑わしい。

## ◉子供たちのピザ

チャック・E・チーズの人気からもわかるように、ピザはアメリカ人の意識にすっかり根づいている。ピザは子供たちにとって、誕生パーティーや何かの祝いごとのための〝特別な〟食べ物になった——多くの子供たちがすでにふだんの食事に、冷凍ピザやテイクアウトやデリバリーのピザを食べているにもかかわらず、である。栄養士からの評価はあまり高くなくても、ピザを食べて育ってきた親たちは、子供たちもピザ好きに育てたのだ。

子供向けの本のなかにも、よくピザやピザレストランが登場する。ピザで子供たちの気を引いて読み書きに興味をもたせたり、分数を学ばせたり、スモールビジネスの経営について教えたりしている。そして、子供たちに人気のテレビ番組や映画のキャラクターもよくピザを食べる。

その代表が、1984年に出版されたコミック本『ティーンエイジ・ミュータント・ニンジャ・タートルズ』のキャラクターだろう。アニメ化されたテレビシリーズで人気になり、

スパイダーマンが30分以内にピザを配達しようとするが、失敗する。『スパイダーマン2』（2004年）より。

テレビアニメ『スヌーピーとチャーリー・ブラウン』の「Lucy must be traded, Charlie Brown（ルーシーのトレード）」より。

フィギュアが販売され、ビデオゲームのキャラクターや映画の主人公にもなった彼らは、大のピザ好きなのだ。タートルズのようにニンジャになる方法がわからなかった幼い子供たちでも、少なくともピザを食べることでヒーローのまねができた。きっと、彼らのお気に入りは、タートルズがさまざまなキャンペーンでタイアップした冷凍ピザだっただろう。

また、『スパイダーマン2』(2004年)では、主人公のピーター・パーカーが、ピザの配達の仕事をクビになる。スパイダーマンの彼でさえ、30分以内に配達できなかったからだ。

## ◉おしゃれなピザ

ピザは子供たちの日常の食べ物になると同時に、ヤングアダルト世代にとってはシックでトレンド感さえある食べ物になった。

ロンドンの起業家ピーター・ボイゾットは、イタリア人デザイナーのエンツォ・アピチェッラとチームを組み、1965年に「ピザエクスプレス」を創業した。この店は、ピザと外食に関して従来とは劇的に異なるコンセプトを取り入れ、どこも似通った店になりがちなレストランをわくわくする空間に変えた。ピザを作っている様子が見えるオープンキッチンは、一種のディナーシアターに早変わりする。さらにはライブ演奏も行ない、著名アーティスト

ピザをシックに。「ピザエクスプレス」のレストランとロゴ。

の作品を店内に飾った。古く荒れ果てた建物は改装され、趣味のよい食事環境に整えられた。

代表的なメニューは伝統のマルゲリータだが、ナポリの起源を強調するよりも、もっと広範囲のイタリア文化との結びつきを強調している。メニューの幅を広げてイタリア各地の料理の伝統を紹介し、売り上げの一部はヴェネツィアの町を救うための基金に寄付を約束している。

ピザエクスプレスはメニューを頻繁に変更し、新鮮な食材でピザを作るピザ職人を雇うことで、ほかのチェーンよりはファストフード色が薄れている。それでいて、数百ある店舗のどこを訪れても、客はまったく同じ経験ができる。価格は比較的安いものの、ここではピザを食べることが少しおしゃれな経験になる。美しく整えられた空間に座り、エレガントに作られたピザを食べ、それに合ったまずまず上質のワインを選ぶ。ピザエクスプレスはピザレストランを洗練された新感覚の場所にした。

現在、ピザエクスプレスはイギリス国内のほか、ヨーロッパのほかの地域、日本、香港、アラブ首長国連邦に合わせて320店舗がある（他国では「ピッツァ・マルザーノ」の店名が使われている）。ピザエクスプレスをドミノ・ピザと同じカテゴリーに入れるのは少し無理がありそうだが、どちらも規格化ピザに対して異なる見解を取り入れ、結局のところ、規格化ピザといっても、どれも同じというわけではないと示してみせた。

## ◉規格化ピザのローカル化

規格化ピザの歴史を振り返ると、企業やナポリの実業家によって最初にピザが世界各地に伝えられたあとで、それぞれの土地で基本的なピザの形がさまざまに変化してきたことがわかる。企業や熟練したピザ職人の助けがあるなしにかかわらず、ほとんどのコミュニティがピザに自分たちのものとわかる特徴を付け加えた。民族、宗教、国ごとに見られるそうした個性は、味の好みの違いによるものもあれば（スパイシーなもの、甘いもの、甘酸っぱいもの）、特定の食材の使用が禁止されているからという場合もある。たとえば、イスラム教徒なら、ポークソーセージの代わりにチキンをのせたピザにする。

また、すでに述べたように、イタリアのピザにもイタリア系アメリカ人のピザにもまったく見られない食材を使い、特定の国、あるいはいくつかの国や地域にまたがって人気になったピザもたくさんある。たとえば、スイートコーン、魚、マヨネーズ、カレー味の食材、豆腐、キャベツの酢漬けなどをトッピングしたピザがそうだ。

その国ならではのピザの特徴を話題にすることも増えてきた。それは使うトッピングの種類や、調理の仕方で決められる。

ルーマニアのピザは生地が薄くてチーズやソースは少なく、マッシュルーム、オリーブ、コショウのような新鮮な食材をたくさんトッピングする。ブラジルのピザはソースが少ないか、まったく使わないのがふつうで、生地はかなりやわらかく、かたゆで卵、ヤシの実、スイートコーンなど、めずらしい材料を使う。クウェートのピザは、シャワルマ（垂直の串に刺して焼いた肉）、ビーフかチキン、スライスした長いピクルスを加えるのが特徴だ。ほかにもいろいろある。

そして、誰かがルーマニアやブラジルやクウェートのピザを定義しようとすると、すかさず別の誰かがその定義に反論する。無数のウェブサイト、ブログ、チャットルーム、インター

クウェートでピザを求めて並ぶ米軍兵士

ネット上の討論グループの主張を見ると、世界中で食べられているおなじみのピザでさえ、定義が一定していない。おそらく、はっきり定義できないピザがあるのは、アレンジの幅広さのためだろう。

これは極端な例だが、料理人がどこかの国の食文化を想像するときには、その国の料理習慣をもとにしたピザを作ってみることがある。つまり、「メキシコ風ピザ」なら、トルティージャに二度揚げした豆、チーズ、サルサとサワークリームをのせる。メキシコ人が本当にこのピザを食べているかどうかは問題ではない（きっと食べていないだろう）。重要なのは、ピザがある国または文化のメタファーになりうるということだ。世界中で人気の食べ物になったピザは異文化の融合、とくに食文化の融合のメタファーとして使われるようになったのである。熱烈なピザファンは、ただピザのことだけを考えているわけではない。彼らはピザを通して自分自身や自分が属するコミュニティを表現し、なじみのない素材を使っていかに実験できるかを考えている。

## ●すべて「ピザ」と呼ばれてしまう現象

ピザはいくらでもアレンジがきく。そのことが、ピザとは何なのかという問題ついて混乱を招いてきた。ピザとどこか少しでも似たところがある食べ物が存在する土地では、その食べ物を「ピザ」と呼ぶ傾向がある。そう名づけることで、急に人気が高まることさえある。

トルコでは、以前は「ラフマジュン」と呼ばれていた料理が、今では「トルコ風ピザ」と呼ばれている。これはトルコとアルメニア、そして世界中のトルコ人とアルメニア人のコミュニティで人気の食べ物で、円形のフラットブレッド（あるいはピタパン）にひき肉（通常はビーフかラム）をのせ、レモン汁をふりかける。さらにガーキン（キュウリの一種）、トマト、タマネギ、にんにく、コショウものせ、くるっと巻いて食べる。ラフマジュンは数千年前からこの地域で食べられてきたが、ここ数十年のあいだに、とくにヨーロッパのトルコ系住民が多い地域で人気が高まった。たとえばドイツでは、通りで売っているファストフードのな

トルコ風ピザ、ラフマジュン。

日本風ピザ、お好み焼き。

かでも「トルコ風ピザ」はとくに人気がある。

日本のお好み焼きは、日本以外の国では「日本風ピザ」と説明されることが多い。小麦粉、出し汁、卵、キャベツ（ほかの材料を加えてもよい）を混ぜた生地と具材を焼き、少し甘めのソースとマヨネーズをかけ、かつお節（生地の熱でひらひら動く）をのせる。トッピングの種類の多さと、切り分けて出されるところが、お好み焼きがピザと呼ばれる理由だろう。

伝統にこだわるピザファンは、ラフマジュンやお好み焼きをピザとは呼ばないが、世界の多くの人はそう呼んでいる。それは、ピザが今では世界共通の食べ物になったからでもあるだろう。ほんのわずかでも似たところのある食べ物はピザと呼ぶことができるし、その国のご当地ピザとみなされる。

## ●創造と伝統

規格化されたピザの成長と、世界中で見られる新しく刺激的なピザを作りたいという衝動のあいだには、直接の、あるいは深い関係性はないかもしれない。それでも、まったく別々の流れというわけではない。たとえば、最大のピザ・チェーンであるピザハットでさえ、商品を市場に合わせて工夫している。

イタリアやナポリからの移民が経営する〝本物〟のピッツェリアが存在しない地域に住む人にとっては、最初のピザ体験は、チェーン店の数あるメニューのなかからピザを選ぶところから始まるだろう。そこにはマルゲリータ、ペパロニ・ピザ、ハワイアンピザのほか、地元の食材やその土地の好みに合わせた食材をトッピングしたものも見つかるかもしれない。彼らのピザについての理解は、ピザを厳密に定義してきたピッツェリアの客より、間違いなく柔軟になるだろう。

だからといって、ナポリ移民やアメリカのピザ職人が、バラエティ豊かなピザを考える努力をしていないわけではない。彼らだって創造性を発揮できるし、実際にそうしている。しかし同時に、イタリアとアメリカでは、基本に戻ろうとする強い衝動もある。熱烈なピザ愛好者や知ったかぶりのピザ好きたちが、シンプルで〝本物〟に近いピザを求めるからだ。

イタリアとアメリカのピザ職人は、どのタイプのピザを出せばいいのか、悩ましく感じているかもしれないが、ファストフード・チェーンのピザの信条は「多いほどよい」だ。だから、彼らは地元の味覚や好みにできるだけ合わせようとする。さらに、個人もコミュニティもピザに関しては実験を好むとはっきりいえそうだ。なぜなら、今やどこに行ってもピザがあるからだ。

## ◉ピザはなぜ抗議されないか

ピザを世界中に広める大きな原動力となったのは、企業の利益追求と技術的ノウハウの結びつきだった。その結果、世界中のほとんどの街角に、どこかのピザ・レストランチェーンが店を構えるようになった。

世界全体では、マクドナルドのハンバーガーより、ピザのほうが普及している。しかし、新しいマクドナルドの店舗がオープンするときに頻繁に出くわすような抗議行動は、ピザの店に対しては見られない。過去には、ドミノ・ピザのトム・モナハンの保守的な方針に対して抗議が持ち上がったことがあったが、それはピザそのものへの抗議ではなかった。

２００５年にパキスタンのカラチでシーア派教徒が自爆テロの犠牲になったとき、葬儀のあとでピザハットが焼き打ちにあった。２００６年には、同じくパキスタンのラホールで、デンマークの新聞が預言者ムハンマドの漫画を掲載したことへの抗議運動が起こり、暴徒がピザハットの窓ガラスを割った（ＫＦＣも焼き打ちにあった）。どちらの事件でも、ピザハットは欧米社会の象徴になっていたが、ピザ自体が欧米の食べ物の代表として抗議の対象になったわけではない。

ピザハットに対してときおり起こる抗議運動は、ほとんどがたいした効果を得られずに終

カラチのピザハットの配達スタッフ

わる。ジョゼ・ボヴェ（フランスの酪農家で、反グローバル化の活動家、政治家）のような人物が、トラクターで切り妻造りの赤い屋根のピザ店に突っ込み、そこで提供される食べ物と、それが象徴するものに抗議するようなこともまだ起こっていない。

おそらく、ピザへの抗議が少ないのは、ピザが今でもイタリアのルーツと結びついているからだろう。たしかにピザは世界最初のファストフードだったかもしれないが、アメリカで生まれた〝悪者〟のファストフードのイメージとは必ずしも結びつけられていない。あるいは、抗議が少ないのは、ピザのチェーン店が個人経営の小さなピザ店と共存しているからかもしれない。ピザハットやドミノ・ピザのようなチェーン店の拡大が、小さなピザ店の経営をむずかしくしているのは間違いないだろうが、こうした小さな店もこれほど強力なライバルを相手にしっかり生き残っていることは注目に値する。

ここでもやはり、マクドナルドとの違いは明らかだ。独立したハンバーガーレストランやハンバーガーショップの数がどんどん減っているのに比べ、大都市でも郊外でも、個人経営の小さなピザ店は驚くほどの数が残っている。ピザ業界は事業形態という点では、もっとも多様性のある業界に数えられる。専業のピザ職人が経営する独立したピッツェリアもあれば、さまざまな規模のフランチャイズ・チェーンがあり、巨大なピザ・コングロマリットもあって、それぞれが異なる層の消費者にピザを提供している。だから、おそらくピザ好きたちも、巨大なピザ・チェーンに世界が完全に乗っ取られるなどとは心配していないだろう。

またあるいは、ピザへの抗議が少ないのは、ピザが多くの消費者の需要に応えるために拡大しつつも、もともとの形を完全には失っていないからかもしれない。もっと具体的にいえば、アメリカ以外の国ではどのピザ・チェーン店でも、伝統的なマルゲリータや、アメリカンスタイルのペパロニ・ピザと一緒に、創意工夫に富んだピザが作られている。アメリカでは、豊富なトッピングや、チーズを詰め込んだ生地を強調する〝度肝を抜く〟ピザとともに、伝統的なピザも売っている。こうしたバラエティに富んだメニューが、さまざまな客の願望を満足させる。伝統に忠実なもの、食べるとほっとできるもの、シンプルなもの、豪華なもの、実験的なもの。味もスタイルもじつにさまざまだが、それでも客は自分の食べているものがピザだとわかっている。

要するに、ピザとは円形のフラットブレッドにトッピングを加えたものだ。ピザの最たる特徴はその応用の広さにあるように思える。それがイタリア以外の多くの国でピザが人気を集める理由になった――ときには過剰にアレンジされたピザへの反動として、伝統のスタイルに戻ろうという呼びかけがなされたとしても。

公正を期していえば、個人経営のピザ店もチェーン店と同じくらいピザのスタイルをあれこれ工夫してきた。しかし、応用と実験のプロセスを加速させたのは、やはり、あっという間に爆発的な成長を見せたピザ・チェーンの規格化されたピザだった。幸いなことに、多くの国で、実験的なピザと伝統的なピザは仲よく共存している。それはおそらく、両方のタイプのピザの市場が存在しているから、あるいは、ピザはシンプルに見えて、じつは複雑な食べ物であるからだろう。

## ◉ピザをめぐるふたつの見方

規格化されたピザがあっという間に成功したのは、驚くべきことではない。現在のピザは、個人や家族で楽しめる、安くてお腹がいっぱいになる食事として重宝されている。ほかの多くの食べ物と同じように、ピザの値段を安く維持できるのは、食品加工技術、農業、輸送、フランチャイズビジネスの進歩のおかげだろう。それでいて、単調になりがちな多くの安い食べ物と違って、ピザは飽きることなく毎日でも食べられる。ありとあらゆるバラエティがあるためだ。応用がきき、種類が豊富なところは、18世紀のナポリで貧しい民衆の食べ物だったころからピザの基本的な性格の一部だった。

この50年のあいだに、アメリカ人がピザに「豊かさ」という新しい性格を与えた。アメリカナイズされ、規格化されたピザは、たくさんの材料を使って食欲を満足させる——ピザハットのミートラバーズ・ピザは6種類の肉を使い、ドミノ・ピザジャパンのクワトロは、ピザを4つに分け、それぞれに異なるトッピングをたっぷりのせている（「クワトロ」は日本では人気のスタイルで、ドミノだけでなく、多くのピザ店のメニューにある）。

これらのピザは特大サイズの食べ物に慣れた世界ではもうほとんど驚かれることもないが、歴史的に見ればどこか空想的で、中世の物語に登場する飽食の理想郷《コケイン》で見つかる食べ物のように見える。そこではワインの川が流れ、パスタの山がそびえ、丸焼きの豚が背中にナイフを刺したまま走り回っている。

日本のドミノ・ピザの広告。エルヴィス・プレスリーに扮した若者が宣伝している。

こうしたラブレーの物語風ピザのおかげで、ピザファンのあいだにシンプルな正統派ピザへ戻ろうとする動きが生まれたのは間違いない。たとえば、VPNの認定を申請し認められるピッツェリアが世界中に増えている。最近十年間に出版されたピザの料理本も、正しい生地作りを強調し、いくつかの主要な材料だけで作るピザを取り上げていることが多い。

現在、ピザを作って食べる人は、大きくふたつのグループに分けられる。一方は、味、シンプルさ、伝統、クオリティを求める人たち。もう一方は、便利さ、ローコスト、豊かさ、創造性を好む人たち。

両グループの境界線ははっきりしているわけではないが、最初のグループはあとのグループに対してどんどん否定的になっているのに対し、あとのグループは最初のグループを静かに無視している。ただし、何が〝よい〟ピザかについて両者が合意することはないものの、ピザがいつまでも残る食べ物だという点では意見が一致している。

規格化ピザの歴史、とくにピザ人気の高まりへの規格化ピザの貢献を考えると、食事や軽食についての私たちの基本的な理解がピザによってどれだけ変わったかがわかる。ピザのおかげもあって、今では世界中の消費者が、バラエティに富んだ食べ物から手軽に栄養をとれるようになった。種類が豊富なだけでなく、手に入れる方法も、準備の時間も値段もさまざまだ。そして、ピザが世界中のほとんどの地域に広まったことで、ピザがもつ意味合いは、ピザ職人（個人も企業も）の考えだけでなく、新たに加わった消費者の要求と態度に応じてさまざまに移り変わってきた。

イタリア人はピザの退化を嘆いているかもしれないが、世界と出会い、ハイブリッドな食べ物となった今では、もうイタリアのピザだけを〝本物〟と呼ぶことはできなくなった。おそらくピザと同じように、世界も平らなのだ。

# 第4章 ◉ ピザの未来

## ◉究極のピザ？

2005年、ゴードン・ラムゼイのロンドンのレストラン「メイズ」で、料理長のジェイソン・アサートンが究極のピザを考案した。トリュフのシーズンの始まりを告げる白トリュフ・ピザだ。

薄いフラットブレッドにトッピングされたのは、イタリアンオニオンのピューレ、白トリュフのペースト、イタリアのフォンティーナチーズ［北西部のヴァッレ・ダオスタ州が原産のセミハードタイプチーズ］、モッツァレラ、パンチェッタ［豚のバラ肉、または豚のバラ肉を塩漬けにしたもの］、ポルチーニ［イタリアの高級キノコ］、そして、フレッシュハーブ。アサート

ロンドンのレストラン「メイズ」の白トリュフ・ピザ

ンが自らテーブルにやってくると、客のリクエストに応じて60ポンド、80ポンド、100ポンド分のトリュフをすりおろして加えた(1)。この高価なピザは驚きのニュースとして取り上げられ、ウルフギャング・パックのヤギのチーズとカモ肉のピザに代わる高級ピザの王様になった。

ところが1年後、白トリュフ・ピザに勝るピザが現れた。グラスゴーのレストランの店主ドメニコ・クローラが、オークションサイトのイーベイにとてつもなく贅沢なピザを出品したのだ。ローマに住む弁護士が2000ポンドで落札し、利益は慈善団体に寄付された。このピザには、金箔、高級コニャックに漬けたロブスター、シャンパンに浸したキャビア、スコットランド産のスモークサーモン、メダルの形にしたシカ肉がのっていた(2)。

このときもやはりニュースとして取り上げられ、

驚いた記者たちは、こうした贅沢なピザが新たな流行になるのかどうか、人々にインタビューを試みた。何人かは「それもいいじゃないか」と答えた。「これまでピザは安くて楽しい食べ物だったけれど、もうそろそろエリート市場に進出してもいいかもしれない」。あるいは、ため息をつく人や、「通りの角まで行けば、おいしいピザのスライスがたった1ポンド50ペンスで買えるのに」と、淡々とコメントする人もいた。

これがピザの将来なのだろうか？　マルゲリータ王妃がラファエレ・エスポジトの考案したピザを味見してから100年以上が過ぎたいま、ピザはめぐりめぐって再び上流階級の料理に仲間入りを果たすのだろうか？

その可能性はある。ただし、贅沢なピザという考えには、どこか決定的に間違ったところがあるように思える。ピザは安くて誰にでも買えるからこそ、ピザなのだから。それにもともと、国王や王妃がピザを味わったときには、貧しい庶民の食べ物だと了解しながら食べたはずだ。つまり、ちょっとした冒険心も一緒に味わっていたことになる。しかし――本当に庶民の食べ物と決めつけていいのだろうか？　裕福な人たちが彼らにふさわしい「贅沢な」ピザを食べてもいいのでは？　なぜなら、この丸くて平たいパンの上に誰でも・いくらでも工夫をこらせるのがピザなのだから……。

## ◉ピザは食のフロンティア

いずれにしても、ピザの将来について何か語れるとしたら、それは、ピザの人気が衰えることはないだろうということだ。

生地の上にのせるものにはかぎりがない。金箔をのせるのは経済的な観点からすると無駄のように思えるが、おそらくベーコンとマスタードのピザやホットドッグとハンバーガーのピザと同じくらい、料理としての意味はある。ピザの応用の広さはこの食べ物のもっとも重要な特徴であり続けるだろう。

ピザの歴史にははっきりした（伝説に近いものではあるが）起源があり、生まれた場所もわかっているが、たとえその故郷とのつながりが薄れたとしても、いつでもどこでも再現できる。そして、ほかの多くの一皿料理とは違って、ピザはどこでも食べることができる。テーブルの上でも、通りを歩きながらでも、職場でも、パーティーでも、ピッツェリアでも、レストランや居酒屋でも。

料理史家のなかには、ピザを「決まった食べ方を拒む最後のフロンティア」と命名する人もいる。材料は基本的なものを使ってもいいし、自由に創造性を発揮してもいい。エスニックフードにもなれば、国民的フードにもなり、質素にもできれば贅沢にもできる。「１枚の

シーザーサラダをトッピングしたピザ

円形の生地に数千キロ離れた場所からやってきた食材がのることもある……この円のなかに刻み込まれる料理の表現には、無限の可能性がある[3]」

ピザはこれまでつねに、食の最後のフロンティアだった。少なくとも、いつの時代でも——古代でさえ——数千キロ離れた場所の材料を使っていたという点では。本書で述べてきたように、ピザはさまざまにアレンジされてきた。何が本当のピザなのかについて、いたるところで繰り広げられている議論には終わりが見えない。

ピザとは何なのか?

フラットブレッドに何らかの食材をのせたものをピザと呼ぶのなら、人々が自分の好きなものをのせて食べているかぎり、ピザの人気が衰えることはないように思える。しかし、もっと定義を狭めることを選べば、つまり、18世紀のナポリに生まれたフラットブレッドの一種で、わずかな種類の材料で作るものがピザだと定義するなら、ピザは絶滅の危機に瀕し、おそらく厳しい管理と敬意と保護が必要になるだろう。行き着く先がどこであれ、ピザはその歴史を通じて何本にも分かれた道筋をたどってきた。道の途中には山も谷もあり、高級グルメになることもあれば規格化されることもあり、創造性にあふれたものもあれば伝統的なものもあった。

食文化の新たな可能性を切り開く食べ物として、ピザは多くの矛盾した特徴をもつ。貧しい民衆の飢えを満たすために考案されたシンプルなイタリアンフードでありながら、アメリカの豊かさと富を祝福する食べ物でもある。ローカルフードでありながら、世界のどこに行っても食べられるユニバーサルフードでもある。大量生産されもするが、個人の好みにカスタマイズもできる。こうした矛盾を抱えていても、ピザは世界中でもっとも愛される食べ物になった。いや、矛盾した食べ物だったからこそ世界を征服できたのかもしれない。

## ●ピザが教えてくれること

ピザに関するもうひとつの重要な矛盾は、この食べ物が人々をひとつにすると同時に、好みや習慣によって区別もすることである。

ピザが人気の国はどこでも、それを食べる人たちがピザに特別な意味を与えている。イタリアでは、ピザはこの国の食の伝統の象徴であり、ピザを食べるのはノスタルジックな経験になる。ピザの定義をできるかぎり狭めようとして、イタリアのピザがいつ、どこで最初に作られ、いつ世界への贈り物になったかを正確に突き止めようとする人もいる。

アメリカでは、ピザは経済的、民族的、年代的、社会的、地理的なコミュニティを区別する手がかりになる。どんなピザをどこで食べるかは、若者と高齢者、労働者階級と中流階級、

クレス・オルデンバーグ、「ピザ／パレット」。1996年、リトグラフ。

低所得者層と富裕層、最近やってきた移民と古くからの家系、内陸部と海岸部などではっきり違いがでるからだ。

　そして、世界中のどこでも、ピザは人々をひとつにする。すべての人をクリエイティブな料理人に変え、大胆で熱狂的な消費者にするのである。

　ピザがメインディッシュにも、控えめなサイドディッシュにもなるのは、こうした特異な性格のためだ。歴史的には、貧しい人々と若者の食べ物として始まり、そのため質素な、あるいは「アウトサイダー」の料理として評価されてきた。

　19世紀のピッツェリアはやる気のない若者がたむろする場所だった（もっ

と最近の例としては、映画『初体験／リッジモント・ハイ』（１９８２年）で、アンチヒーローの高校生ジェフ・スピコリが歴史の授業中に教室までピザを配達させるシーンがあった）。この50年ほどのあいだには、ピザを主流の食べ物に、あわよくばエリートフードの地位にまで押し上げようという試みもあった。そうした動きが「アウトサイダー」という性格をいくらか弱めたのは事実だが、それでも質素な食べ物という特質はそのまま残った。ピザを主流にするのか、アウトサイダーにするのか、その微妙な綱引きが、イラン映画『クリムゾン・ゴールド』（２００３年）でみごとにとらえられている。イラン社会のあらゆる階層の現実をピザ配達人である主人公フセインの目を通して切り取っている。

ピザは一方では人々をひとつにまとめ、もう一方では人々を区別し、分裂させるが、「円形のフラットブレッドにトッピングをのせて焼く」という基本的な形と本質は守り続けるだろう。

ピザを世界中の人が明確にイメージできる食べ物にした秘密は、その形と材料にあった。ピザには個人、地域、国を象徴する特徴が刻み込まれはするが、何がピザであるかについては誰もが一定の考えを共有している。このピザの普遍性が、その世界的人気を説明するのかもしれない。

実際のところ、世界のどの地域でもフラットブレッドは食べられているのだから、イタリア人以外がピザを味わってみようと思うのは、それほど勇気のいる挑戦ではなかっただろう。

それでも、多くの人がピザを食べてみようと思ったからといって、それだけでは世界中でピザがこれほどの人気フードになった説明にはならない。

熱烈なピザファンなら、味の組み合わせが絶妙だからだと主張するかもしれない。イタリア人なら、世界中に散らばったイタリア移民が決定的な役割を果たしたのだと強調するだろう。アメリカ人なら、各地で小さなピザ店を始めた起業家たちの創意工夫に敬意を表するだろう。陰謀説を主張する人は、ドミノ・ピザとピザハットの経営幹部を非難するだろう。あるいは――おそらくアレクサンドル・デュマは正しかったのだ。ピザはシンプルだが複雑な食べ物だ。その両方の性格が、私たちの欲求や願望と共鳴し、もっともっと奥深いピザの世界へと招き入れるのだろう。

ピザはこれまでずっと、食文化の尺度になってきた。基本はフラットブレッド、トマト、チーズというシンプルな組み合わせでありながら、食についておおいに語ってくれるだけでなく、私たちが何者であるかを教えてくれる尺度にもなる。そんなピザの偉大さは、これからもずっと変わらないだろう。

# 謝辞

調査協力者として有能ぶりを発揮してくれたデレク・ホルムグレンに感謝する。2006年秋の私のセミナー「私たちは食べたものからできている」に参加した学生たちにも感謝している。彼らはピザという食べ物の本質について、貴重な見識を与えてくれた。同僚のエリザベス・カールスゴット、ジョディ・クレイダー、カレブ・マクダニエル、デヴィッド・シュニア、イングリッド・テイグにも、この本の初期の原稿を読んで鋭い指摘と有意義なコメントを与えてくれたことにお礼を述べたい。リアクション・ブックスのマイケル・リーマンとアンディ・スミスからは、貴重な意見と提案、指針をいただいた。マーティン・グローゲには丁寧な編集、助言、サポートに心から感謝している。息子のヘンリーがいてくれたおかげで、執筆中の気分転換には困らなかった。そして、この本は娘のヘレン・フラネリー・グローゲに捧げたい。彼女がこの本を書くように励ましてくれた。その理由は、本人が言うには「ピザはと――っても、おいしいから！」私もまったく同感だ！

# 訳者あとがき

シンプルに見えて、じつは複雑な食べ物――。それが、本書でたびたび繰り返されるピザの特徴のひとつである。基本はたしかにシンプルそのもの。平らなパン（フラットブレッド）に何かをのせれば、それだけでピザと呼べる。その一方で、基本がシンプルなだけに、いくらでも応用がきく。生地の種類（厚さや食感）とのせる食材の組み合わせは無限に近く、質素にも贅沢にもアレンジできる。その自由さが、ピザを世界中で愛される人気のファストフードにした。

本書『ピザの歴史』（*Pizza: A Global History*）は、イギリスの Reaktion Books が刊行している The Edible Series の一冊である。このシリーズは、料理とワインに関する良書を選定するアンドレ・シモン賞の特別賞を２０１０年に受賞している。著書のキャロル・ヘルストスキーは、米デンバー大学の歴史学准教授。近・現代ヨーロッパ史、なかでもイタリア史と食文化史にくわしく、政治と食文化の関係性なども研究テーマにしている。

ピザのルーツをたどれば、おそらく古代にまでさかのぼるはずだが、本書が取り上げる現代のピザ（フラットブレッド、トマト、チーズの組み合わせ）の歴史は、18世紀のナポリに始まる。この町で、貧しい民衆のための安くて便利な食べ物として重宝されていたピザは、やがてイタリア移民とともにアメリカに渡り、そこに第二の故郷を見いだす。アメリカで「豊かさ」という新しい性格を加えたピザは、ナポリのシンプルなピザとは別の、独自の道を歩み始めた。そして、アメリカに生まれたピザ・チェーン店が、この食べ物を世界中に広めるうえで大きな役割を果たした。

このように、世界規模で展開するピザの歴史はじつにダイナミックである。本書では章ごとにイタリア、アメリカ、そして世界を舞台にしたピザの歴史を振り返り、多彩なエピソードとともに、この「シンプルに見えて、じつは複雑」な食べ物の魅力を分析する。なかでも、ナポリの伝統のピザ（ピザ職人の技とこだわりが感じられるピザ）と、アメリカナイズされたピザ（大量生産される規格化ピザ）の対比は興味深い。チェーン店のピザや冷凍ピザは、どこで食べても同じ味で、だからこそ予想を裏切られず〝信頼できる〟と支持する人たちがいる一方、ありふれたピザに飽きたらなくなった人たちは、ナポリ伝統の〝本物の〟マルゲリータへ戻ろうとする。ところが、規格化ピザの話はこれだけでは終わらない。チェーン店のありふれたピザが世界へ進出すると、おもしろいことが起こる。その土地の人々の好みや食材や文化に合わせて、さまざまにアレンジされたピザが登場し、「規格化」という言葉とは矛盾するような、個性豊かなピザがどんどん生まれるのである。ピザは、「グローバル化によって、逆に地域色の強い食べ物へと進化してきた」と、著者は説明する。

世界中にピザを広めたのは、アメリカのチェーン店だった。だから、世界中の多くの人が最初に味わったのはナポリの伝統的なピザではなく、アメリカのピザだったはず――。本書のそんな記述を読んで、ご自身のピザとの出合いを振り返る読者もいらっしゃるかもしれない。訳者の私も間違いなく、最初に食べたピザはアメリカのチェーン店のピザだった（ピザハットではなくシェーキーズだったと記憶している）。そして、それから長いあいだ、自分の頭のなかでは、ピザは完全にアメリカの食べ物だった。今では、ピザの国として真っ先にイメージするのは、イタリアに変わっている。ひとつには、10年ほど前にイタリア語を学びはじめ、「ピザ」より「ピッツァ」という音を耳にする機会が増えたからである。

本場のナポリ・ピザを提供するピッツェリアが日本に増えたことも、イタリアのピザを身近に感じるもうひとつの理由になった。とくに注目されるのは、本書でも紹介されている「真のナポリピッツァ協会（ＶＰＮ）」認定のピッツェリアだろう。この協会は、ナポリのピザ職人の伝統技術を守り、後世に伝えることを目的にイタリア本国で１９８４年に設立された。日本支部の設立は２００６年９月。協会のウェブサイトによれば、日本の加盟店は現在54

店舗にのぼる。プルチネッラと呼ばれる道化師がピザを焼いているデザインの「VERA PIZZA Napoletana」のマークとロゴは、日本でもすっかりおなじみになった。

もちろん、アメリカのピザとイタリアのピザ、どちらか一方だけを選ぶ必要はない。なんといっても、バラエティに富んだ味を楽しめるところが、ピザのよさなのだから。みなさんが次に選ぶ一枚は、宅配ピザの新作メニューだろうか、それとも、伝統のピッツァ・マルゲリータだろうか？　本書がピザ好きのみなさんの食欲を誘う一冊になっていればうれしい。

Ｂｕｏｎ　ａｐｐｅｔｉｔｏ！

２０１５年８月

田口未和

## 写真ならびに図版への謝辞

著者と出版社より、図版の提供と掲載を許可してくれた関係者にお礼を申し上げる。

Photo agb Photo Library/Rex Features: p. 95; Alinari/Rex Features: p. 53; photo © Kelly Cline/2008 iStock International Inc.: p. 52; Tito D'Alessandri/Alinari/Rex Features: p. 37; photos Ilja J. Dean/Rex Features: pp. 122, 144; photos Susan Frikken: pp. 64, 112上; photo Veronica Garbutt/Rex Features: p. 126; photo Tibora Girczyc-Blum: p. 140上; photo Emil KM Goh: p. 114; photo Chris Hart/BigStockPhoto: p. 108; photos http://margheritaregina.com/foto/trofeo_2%20(92).jpg: p. 61上下; http://pizzanapoletana.org/: p. 54; photos Andrew Jangigian: pp. 79, 80下; photo Frank Kovalchek: p. 20; photo Vincenzo Mazza: p. 38; photo Philip Moore/Rex Features: pp. 16-17; © 2008 Claes Oldenburg, courtesy the Oldenburg van Bruggen Foundation: p. 158; Olycom spa/Rex Features: pp. 44, 57, 59; photo Bill Rand: p. 50; photos Rex Features: pp. 78, 87上, 135, 152; rcs/Alinari/Rex Features: pp. 42, 110; photos Roger-Viollet/Rex Features: pp. 31, 33, 76, 113; photo Juergen Sack: p. 140下; Sipa Press/Rex Features: p. 46, 72-73, 120-121, 138; photo David Smith: p. 87下; photo Shane Stroud: pp. 84-85; F. Toscani/Alinari/Rex Features: p. 47; © United Features Syndicate/Everett Collection/Rex Features: p. 133下; photo Jennifer Wu: p. 112下; © Yong Hian Lim/2008 iStock International Inc.: pp. 6, 98; kpa/Zuma/Rex Features: pp. 9, 12, 80上, 155.

# レシピ集

## クラシック・ピザ

### ◉ナポリ・ピザ

DOC（原産地統制呼称制度）認定の本物のナポリ・ピザ（マルゲリータ）を目指すなら，インターネットで簡単にレシピを見つけられる。ただし，そのためのピザ窯を見つけるのはむずかしい。DOCのピザは400℃で焼かなければならないのだから！　本物の味に近づけたければ，サンマルツァーノ産のトマトと水牛のモッツァレラは専門店で買うことができる。

（小さなピザ5～6枚分）

（生地）
生イースト（固形）…½個（9*ml*）
ぬるま湯…2カップ（455*ml*）
薄力粉…1カップ（125*g*）
塩…大さじ1
無漂白の中力粉…5½～6カップ（690～750*g*）

1. ボウルに入れたぬるま湯に生イーストを加え，かき混ぜて溶かす。
2. 薄力粉と塩を加えてよく混ぜる。
3. 中力粉を1カップずつ加え，生地がなめらかになるまでこねる。
4. 生地を丸くまとめ，布巾をかけてそのまま4時間おく。
5. 生地をたたいて平たくし，5～6個に分ける。

（トッピング）
トマト缶（カット）…大1個
モッツァレラ（小さくカット）…1½カップ（400*g*）
フレッシュバジル
塩
エキストラバージン・オリーブオイル

1. ピザピール（ピザ用の大きなへら。パーラとも呼ぶ）または焼き皿の上で生地を円形にのばす。
2. 生地の上にカットトマトを少量のせ，指で円を描くように広げる。
3. モッツァレラを散らし，塩をふり，バジルを何枚かのせる。
4. オリーブオイル大さじ1を全体にまわしかけ，260℃に熱したオーブンに入れる。
5. こんがりした焼き色がつくまで，5～10分焼く。

### ◉ピザ・カサリンガ

エリザベス・デイヴィッド著『イタリアンフード *Italian Food*』（1954年）より。

『イタリアンフード』の初版発行は1954年。イギリスで大評判となり，その後，世界中に広まり，シンプルなイタリア料理の人気を高めた。著者はピザをナポリで大量に消費されている“原始的な料理”で，安物のワインがいちばんよく合う，と書いた。このレシピは，手軽なテイクアウトフードとして人気が出る前に，家庭で作られていたタイプのピザ。

個人の家では，パン生地の代わりにイースト入りのペストリー生地を使った，もう少しエレガントなピザを出すのがふつう。別の料理があとに続くときには，そのほうが適している。

1. 小麦粉170*g*にバター 55*g*，卵1個，イースト7*g*（少量の水で溶かす），塩を加えて生地を作る。水を加えて中程度のかたさにする。
2. そのまま2時間おいて醱酵させる。
3. 生地をめん棒で伸ばし，ふたつに分ける。トマト，アンチョビ，オレガノまたはバジル，チーズをのせる。
4. オイルを塗った天板，または耐熱皿にのせ，高温のオーブンで20分焼く。チーズを加えて，さらに5分焼く。

……………………………………………

**◉田舎風ピザ**

アダ・ボニ著『イタリア料理名作選』より。

1928年に刊行されたアダ・ボニの原書『幸福のお守り *Talismano della Felicità*』は，イタリアで発行されてきた多くの料理本（地域限定のものを含む）を主婦向けにまとめ直したもの。何度も増刷と改訂が繰り返され，それまで料理本を買ったり読んだりする習慣があまりなかったイタリアで，料理書の売上記録を作った。ついには866ページに2000を超えるレシピを掲載するまでになり，その半分以上がイタリア生まれ以外の料理になっていた。

このレシピは「田舎風パイ」とも呼ばれている。サクサクのパイ生地に詰め物をしたピザで，具材はバラエティに富んでいる。英語の翻訳版ではリコッタチーズが加えられてさらに贅沢な料理になり，ピザの一種として紹介された。シカゴスタイルのディープディッシュや，世界中で食べられているさまざまな詰め物をしたピザ風の料理と似ている。

小麦粉…3⅛カップ
ラード…大さじ1½
塩・コショウ…各小さじ1
イースト…1袋（ぬるま湯1カップで溶かしておく）
リコッタチーズ…680*g*
卵…小2個
パルメザンチーズ（粉）…大さじ2
塩・コショウ…各小さじ1
プロシュット［イタリア産の生ハム］の薄切り…110*g*

1. 台の上に小麦を広げ，ラード，塩，コショウ，ぬるま湯に溶かしたイーストを加える。生地に弾力が出て，なめらかになるまでこねる。

2. 深皿に生地を入れ，布巾をかけて暖かい場所に2時間，または倍に膨らむまでおく。
3. ボウルにリコッタチーズ，卵，パルメザンチーズ，塩，コショウを入れて，木べらでよく混ぜる。
4. 生地をふたつに分ける。直径30センチの浅いキャセロール皿にオイルを引き，片方の生地を入れて底が隠れるように伸ばす。
5. リコッタチーズを上に広げる。端から2.5センチはあけておく。プロシュットを加え，その上にもう片方の生地を薄く広げて覆う。端をていねいに閉じ，縁から出た余分な生地は切り落とす。
6. 190℃のオーブンで45分焼く。冷ましてから食卓に出す。

……………………………………………

### ◉スフィンチョーネ（シチリア風ピザ）

ナポリ・ピザの親戚で，おそらくシカゴのディープディッシュ・ピザの祖先にあたる。分厚い生地に具材が押し込まれている。

（生地）
生イースト（固形）…2個（18*ml*），または ドライイースト2袋
ぬるま湯…2カップ（455*ml*）
小麦粉…910*g*
オリーブオイル…大さじ1

1. イーストをぬるま湯に溶かす。小麦粉を台の上に広げ，真ん中に窪みをつくり，イーストを入れてよく混ぜる。
2. オリーブオイルを加えてこねる。
3. 油を塗ったボウルに生地を入れ，2倍の大きさに膨らむまで暖かい場所におく。
4. 生地をたたいて平たくし，油を引いた焼き皿かベーキングシートの上に伸ばす。

（トッピング）
タマネギ（みじん切り）…大1個分
オリーブオイル…½カップ（110*g*）
トマトソース（プレーン）…1½カップ（360*ml*）
アンチョビフィレ…8～10切れ
カチョカヴァッロ［ハードチーズの一種］またはモッツァレラチーズ（角切り）…115*g*
トーストしたパン粉…½カップ（60*g*）
ドライオレガノ…小さじ¼
オリーブオイル…大さじ2

1. オリーブオイルでタマネギをしんなり透き通るまで炒める。
2. トマトソースを加えて10分煮る。塩・コショウを加えておいておく。
3. アンチョビとチーズを生地の上に散らし，生地にできるだけ深く押し込む。
4. トマトとタマネギのソースを全体に均等に広げる。
5. パン粉とオレガノを混ぜ，ソース

の上に振りかける。焼き皿に布巾をかけ，2時間おく。

6. 220℃のオーブンで30分焼く。食べる前にオリーブオイル大さじ2をふりかける。

◉トマトパイ

第二次世界大戦後にアメリカで食べられたピザは「トマトパイ」と呼ばれることが多かった。これは，ピザのトッピングの順番を逆にしたもので，生地の上にチーズをのせてから，トマトソースを塗った。このレシピは1947年の新聞に掲載されていたものに応用を加えた。ポイントは，分厚いビスケットのような生地にして，上にのせるスライスしたトマトを支えられるようにすることだ。

ピザ生地（179ページ参照。または既製のビスケット生地を使う）
モッツァレラチーズ…225*g*
トマト…4～5個（薄切り。缶詰で代用も可）
パルメザンチーズ（粉）
ドライオレガノ，塩，コショウ
オリーブオイル

1. オーブンを260℃で予熱しておく。
2. 油を塗った大きな鉄板の上にピザ生地を広げる。耳部分を厚くする。
3. モッツァレラをスライスして，生地の底部分に広げる。トマトの薄切り（または缶詰のトマト）でチーズを覆う。
4. トマトの上にパルメザンチーズをたっぷりかける。オレガノ，塩，コショウを加える。
5. オリーブオイルをふりかけ，20分ほど焼く。
6. 冷めると味が落ちるので，熱いうちにいただく。

◉シカゴ風ディープディッシュ・ピザ

シカゴスタイルのピザ生地はめん棒でのばさず，浅鍋で作る。指で生地を鍋に押し込むようにすると，ビスケットのような食感になる。

（生地）
アクティブ（活性）ドライイースト…1袋
ぬるま湯…1¼カップ（280*ml*）
砂糖…小さじ1
小麦粉…3¼カップ（405*g*）
イエローコーンミール…⅓カップ（45*g*）
塩…小さじ1
オリーブオイル…⅓カップ（180*ml*）

1. 大きめのボウルにぬるま湯55*ml*を入れ，イーストを溶かす。砂糖と小麦粉30*g*を入れてかき混ぜる。
2. 布巾をかけて暖かい場所に20分おく。
3. 残ったぬるま湯，小麦粉，コーンミール，塩，オリーブオイル55*ml*を加えて混ぜる。なめらかになるま

で10～12分こねる。
4. 生地に残ったオイルを塗ってボウルに入れる。布巾をかけて暖かい場所に約2時間，または約2倍の大きさに膨らむまでおく。
5. 生地をたたいて平たくし，軽くこねたら，オイルを塗った浅鍋に押し込む。
6. 鍋を布巾で覆い，高さが5センチくらいになるまでおく。

（トマトソース）
オリーブオイル…大さじ2
イタリア製のホールトマト缶…大2個
ドライオレガノ…小さじ1
塩…小さじ½
にんにく…2かけ（つぶしておく）
バジルの葉…10枚（みじん切り）

1. 大きな厚手の鍋にオリーブオイルを熱し，トマトを果汁ごと入れる。5分ほど煮たら，木べらでトマトをつぶす。
2. オレガノ，塩，にんにくを入れて混ぜ，弱火で40分ほど煮詰める。最後にバジルを加える。

（トッピング）
ソーセージ（皮を取り除いてくずしたもの）…455g
モッツァレラチーズ（スライス）…455g
トマトソース
パルメザンチーズ（粉）…⅓カップ（35g）

1. オーブンを260℃で予熱しておく。
2. オリーブオイル大さじ1でソーセージをよく炒める。取りだして，余分な油はおとしておく。
3. ピザ生地を指で押して平らにする。縁は厚いまま残しておく。
4. モッツァレラのスライスを生地の上にのせ，その上にソーセージを重ねる。
5. トマトソースをスプーンで広げ，パルメザンチーズを全体にふりかける。
6. 耳がパリっとして焼き色がつくまで30分焼く。少し冷ましてからいただく。

………………………………………

◉揚げピザ

ナポリ人も，南イタリア人も，イタリア系アメリカ人も，何らかの揚げピザを作る。

ナポリでは，小さな揚げピザをそのまま，またはトマトソースやチーズをのせて，折りたたんで食べる。

イタリアのカラブリア州では，クリスマスイブに「クッルレッリ」と呼ばれるポテトピザを作る。生地にマッシュポテトを加えたものだ（ジャガイモ中2個をゆで，フードプロセッサーまたはミキサーにかける）。

アメリカでは，揚げピザはイタリア系アメリカ人の祭りやフェアで人気の食べ

物だ。第二次世界大戦ごろから始まった習慣で，今も続いている。揚げた生地にトマトソースをかけて食べるか，砂糖，砂糖パウダー，シナモンシュガー，ココナッツフレークなどで甘くして食べる。

イースト…固形½個，または½袋（9*ml*）
ぬるま湯…370*ml*
小麦粉…4½カップ（565*g*）
塩…小さじ½
揚げ油

1. ドライイーストをぬるま湯30*ml*に溶かす。小麦粉，砂糖，ぬるま湯340*ml*を加える。
2. 生地をなめらかになるまでこね，そのまま2倍の大きさになるまで1時間ほどおく。
3. 軽く打ち粉をした台の上で生地をめん棒で伸ばし，6ミリほどの厚さにする。好みでもう少し厚くてもいい。
4. 生地を小さく切り分ける（私は2.5センチ角くらいに切っている）。サラダオイルかオリーブオイルで両面が色づき膨らむまで揚げる。
5. 好みでパウダーシュガーをまぶす。トマトソースと小さい角切りにしたモッツァレラをのせて食べてもいい。

---

## 創作ピザ

ここからのレシピは，私が友人や同僚から教わったもののなかから，自宅で作れるおもしろいピザを選んだ。ピザピール（パーラ）からピザストーン［ピザを焼くときに使う石やセラミック製のプレート］に移して焼くのを好む人もいれば，油を引いた焼き皿に生地を入れてオーブンで焼くのを好む人もいる。ピザ生地のレシピを教えてくれたケン・アルバーラと，トッピングを提案してくれた全員に感謝する。

### ◉基本のピザ生地

アクティブ・ドライイースト…1袋
ぬるま湯…1カップ（225*ml*）
砂糖…ひとつまみ
強力粉…3カップ（410*g*）
海塩…ひとつまみ

1. 砂糖ひとつまみを加えた約40℃のぬるま湯にイーストを入れて活性化させる。10分ほどすると泡立ってくる。
2. 強力粉と海塩ひとつまみを加え，ゆっくり混ぜてかための生地にする。打ち粉をした木製の台の上で10分生地をねる。折り重ねては，手のひらで押し広げるようにする。
3. 油を塗ったボウルに生地を入れ，布巾をかけて1時間ほどおく。
4. オーブンをいちばん高い温度（できれば290℃）で予熱する。ピザストーンがあれば入れて熱しておく。
5. 生地をボウルから取りだし，台の

上で手かめん棒でのばす。好みのトッピングをのせる（下を参照）。
6. ピザピールを使うのなら，すばやく滑らせるようにして生地をピールからオーブンのなかのピザストーンに移す。角氷をふたつオーブンのなかに入れると，蒸気が出てクラストがちょうどいい具合に膨らむ。
7. クラストがこんがりしてトッピングが泡立つまで，10分ほど焼く。

……………………………………………

◉すしピザ

1. 生地を平たいプレーンのフォカッチャに焼き，冷ましておく。
2. 練りわさびを薄く塗った上に，きざんだ甘酢しょうが，とびこ［トビウオの卵の塩漬け］，マグロの刺身，サーモンなどすしのネタを広げる。
3. のり，かつお節，卵，ごまなどを好みで散らす。

……………………………………………

◉ニューヘヴン風ホワイトピザ

1. オリーブオイル大さじ1½，にんにくのみじん切り1かけ分，ドライオレガノ小さじ½を混ぜる。
2. 薄く切ったモッツァレラ55*g*を細かくちぎり，フォンティーナチーズの薄切り55*g*とともに生地にのせ，おろしたペコリーノ・ロマーノ［イタリア産のハードタイプチーズ］大さじ1を上に散らす。チーズの上に1をふり，好みでオリーブオイルをさらにふりかける。

……………………………………………

◉カリフォルニア・バーベキューチキンピザ

1. 皮を取り除いた骨つきの鶏むね肉何枚かを半分に切り，3カップ（750*g*）のバーベキューソースで焼く。焼く前にソースに漬けておいてもおいしい。
2. 冷めたら一口大に切る。
3. ピザ生地を作り，全体にオリーブオイルをはけで塗る。その上にきざんだフォンティーナチーズとスモーク・ゴーダチーズをのせる。
4. 残ったバーベキューソースをスプーンでチーズの上にかけ，鶏肉と薄切りにしたレッドオニオンを一番上にのせる。最後にオリーブオイルをふりかける。
5. 焼き上がったら，好みでコリアンダーを散らす。

……………………………………………

◉スモークサーモン・ピザ

1. 生地に少量のオリーブオイルをふりかけ，薄切りにしたレッドオニオンを広げる。
2. こんがり焼き色がつくまで焼く。
3. 焼き上がった生地の上にサワーク

リーム・ディルソース（サワークリーム360ml，エシャロットのみじん切り大さじ2，きざんだフレッシュディル大さじ2，レモン汁大さじ1を混ぜる）をのばす。
4. スモークサーモンのスライスをディルソースの上におく。粗みじんにしたチャイブを散らす。
5. 好みで大さじ1～2のキャビアを加えてもいい。

……………………………………………

◉カルパッチョピザ

1. 生地を平たいプレーンのフォカッチャに焼き，冷ましておく。
2. 生のヒレ肉の薄切りをたたいて，破れないようにできるだけ薄くのばしたら，生地の上にのせる。
3. ルッコラ，海塩，粗びきコショウ，削ったパルメザンチーズを散らし，上質のオリーブオイルをふりかける。

……………………………………………

◉ギリシア風ピザ

1. 生地の上にくだいたフェタチーズ，カラマタオリーブの薄切り，炒めたホウレンソウをのせる。
2. イカやタコの角切りもトッピングとして使える。

……………………………………………

◉アップルピザ

1. にんにく2かけ（粗みじん）をオリーブオイル大さじ2で炒める。生地にはけで塗る。
2. ざく切りにしたホウレンソウ2カップ（250g）を生地にのせる。芯を抜いて皮をむき，薄切りにしたリンゴ1½カップ（165g）を加える。
3. モッツァレラ1カップ（110g）と砕いたゴルゴンゾーラまたはロックフォールチーズ110gを混ぜ，ピザの上に均等に散らす。
4. 焼く前にオレガノをふりかける。

……………………………………………

◉ローマ風ピザ

1. 大きめのフライパンにオリーブオイル大さじ2を熱し，ベーコン115～150gをカリカリになるまで炒める。
2. ベーコンは取り出しておく。同じフライパンにタマネギ680gを入れ，しんなりするまで10分ほど炒める。フレッシュローズマリーを加え，挽きたてのコショウをたっぷりふる。
3. タマネギを炒めたら，ベーコンを戻す。
4. オーブンを260℃で予熱し，あればピザストーンも入れておく。
5. ピザピールか焼き皿の上で生地を手かめん棒でのばし，角切りにしたモッツァレラ285gをのせ，その上にタマネギを広げる。
6. こんがり焼き色がつくまで10～15

分焼く。

7. このピザには卵を加えてもいい。焼き上がる5分前にいったん取りだして，生地の中央に卵を割り入れる。焼きたてでも冷めてもおいしい。

---

## 世界のピザ風料理

### ◉ラフマジュン

数ある「トルコ風ピザ」のバリエーションのひとつ。牛かラムのひき肉で作ることができる。一度にたくさん作りたいときは，先にできたものを皿にのせて布巾をかけておくか，ふた付きの鍋に入れておく。ラフマジュンをふたつ折りにして，その上をしっかり覆う。

タマネギ…2個
パセリ…1カップ（60*g*）
トマト（種を取りのぞいてきざむ）…2個
レッドペッパー（粗びき）…小さじ½
にんにく…2かけ
塩…小さじ1
牛かラムのひき肉…500*g*
ピタパン…1袋（1枚ずつばらしておく）

1. フードプロセッサーかミキサーを使い，ピタパンと肉以外の材料をすべて混ぜておく。
2. ひき肉を加え，味がなじむまで冷蔵庫で1時間ほど寝かす。
3. オーブンを260℃で予熱しておく。
4. ひき肉を，ピタパンの上に薄くのばす。
5. ベーキングシートにできるだけ多くのピタをのせ，焼き色がつきパリッとなるまで5分ほど焼く。
6. ラフマジュンは網焼きしてもいい。

………………………………………

### ◉ピサラディエール

フランスで食べられているピザの親戚。タマネギとオリーブを組み合わせるのが特徴。タマネギの調理法はいろいろ実験できる。さまざまなレシピがあり，タマネギをピューレ状になるまで炒めるものもあるが，しんなり透き通るくらいまで炒める程度でもいい。

好みのピザ生地
タマネギ…680*g*
オリーブオイル…大さじ3
種を抜いたブラックオリーブ
アンチョビフィレ

1. ベーキングシートの上にピザ生地を長方形に広げる。
2. タマネギを薄切りにして，オリーブオイルでやわらかくなるまで炒める。
3. 生地にタマネギをのせ，さらにオリーブとアンチョビフィレを加える。
4. クラストが黄金色になるまで，230℃のオーブンで約20分焼く。

◉お好み焼き

ピザというよりパンケーキに近いが，さまざまなトッピングを加え，くさび型に切り分けるところがピザと似ている。

(生地)
卵…2個
小麦粉…1カップ（125g）
水…1カップ（225ml）
塩…ひとつまみ
きざんだキャベツ…1½カップ（110g）

1. 卵を割り，小麦粉，水，塩を加える。
2. キャベツを入れて混ぜる。
3. 好みできざんだ長ネギやニンジンを入れてもいい。

(トッピング)
焼いた豚肉または牛肉の細切れ
スイートコーン
マッシュルーム
ツナ
タコまたはイカ
ゆでた鶏肉

1. 厚手のフライパンにサラダ油大さじ1を熱する。
2. 生地をたっぷり入れ，トッピングを何種類か加える。
3. 焦げめがつくまで片面を2分焼く。火を弱めてさらに5分ほど焼いて中まで火を通す。
4. ひっくり返してもう片面を焼く。
5. 何枚もまとめて焼くときは，先に焼いたものを皿の上にのせて覆い，冷めないようにする。
6. お好み焼きソースかとんかつソース，マヨネーズを生地の上に広げるか，まわしかける。かつお節かのりをトッピングする。

◉イングリッシュ・マフィン・ピザ

イングリッシュ・マフィン・ピザまたはベーグルピザは，1940年代からアメリカで人気だった。標準的なイングリッシュ・マフィンは，トマトソースの上にモッツァレラを広げるが，ここではもう少しピリ辛で大人向けのものを紹介する。1940年代と50年代の新聞に載っていたさまざまなレシピを応用した。マフィンの代わりにベーグルを使ってもいい。

イングリッシュ・マフィン…4個
にんにく…1かけ（半分に切っておく）
トマト缶…小1個（つぶすか，こしておく）
塩
コショウ
アンチョビフィレ
粉チーズ
ドライオレガノ
オリーブオイル

1. マフィンをスライスして，にんにくをこすりつける。焼き皿かベーキングシートにのせる。

2. トマトに塩・コショウをふり，マフィンの上にのせる。
3. トマトの上にアンチョビフィレをのせ，粉チーズをたっぷりかける。オレガノを加えて，オリーブオイルをふりかける。
4. 粉チーズが泡立ち，マフィンに焼き色がつくまで焼く。

---

### ◉犬用ピザ

わが家の犬たちはローマの通りでピザの味を覚えた……本当に。そして，私たちが宅配ピザを食べるたびに，生地のかけらをほしがる。この料理はどちらかといえば，トマト味の犬用ビスケットといったところだが，エキストラバージン・オリーブオイルを使うと高級感が出る。冷蔵庫で保存する。

全粒粉…3カップ（360g）
生のオート麦…1カップ（155g）
パルメザンチーズ（粉）またはペコリーノ・ロマーノ…½カップ（40g）
マーガリン…大さじ2½
卵…1個
缶詰のトマトソース…115～170g
水…1カップ
オリーブオイル

1. 小麦粉，麦，チーズを混ぜ合わせ，マーガリンを加える。
2. 卵，トマトソース，水を加えてよく混ぜる。
3. 生地を冷蔵庫で1時間半寝かして冷やす。
4. オーブンを190℃で予熱する。生地をふたつに分け，打ち粉をした台の上でめん棒でのばす。
5. ビスケット用カッターで切るか，くさび形に切って，ベーキングシートの上に油をひかずにのせる。
6. ビスケットの表面にオリーブオイルをはけでさっと塗る。軽く焼き色がつくまで10分ほど焼く。

# 注

## 序章　シンプルで複雑なピザ

(1)　See Alexandre Dumas, *Le Corricolo* (Paris, 2001), p. 94.

(2)　See Hugh Levinson, 'Making Pizza for Kim Jong-il', *BBC News Online* (12 August 2004).

(3)　Virgil, *The Aeneid*, Book 7.［ウェルギリウス『アエネーイス』（杉本正敏訳，新評論，2013年）など邦訳書多数］

## 第1章　イタリアのピザ

(1)　Kenneth Silverman, *Lightning Man: The Accursed Life of Samuel F. B. Morse* (New York, 2003), p. 102.

(2)　Carlo Collodi quoted in Alberto Capatti and Massimo Montanari, *Italian Cuisine: A Cultural History*, trans. Aine O'Healy (New York, 2003), p. 25.

(3)　Serao, 'Ventre di Napoli' (1884), in Pietro Pancrazi, ed., *Serao. Romanzi e racconti Italiani dell'Ottocento* (Milan, 1944), vol. I, p. 1074.

(4)　See Emmanuele Rocco, 'Il Pizzajuolo', in Francesco de Bourcard, *Usi e costume di Napoli e contorni, descritti e dipinti* (Naples, 1866), vol. II, pp. 123-7.

(5)　ピザを楽しんだ階級に関する議論については，Roberto Minervini, *Storia della pizza* (Naples, 1973), p.23, Giuseppe Porcaro, *Sapore di Napoli. Storia della pizza Napoletana* (Naples, 1985), pp.20-21. を参照。

(6)　レストランの公式ガイドは Federazione Nazionale Fascista Pubblici Esercizi, *Ristoranti d'Italia* (Rome, 1938).

(7)　Richard Hammond, *Eating in Italy* (New York, 1957), p. 100.

(8)　Sophia Loren, *In the Kitchen with Love* (Garden City, NY, 1972), p. 92.［ソフィア・ローレン『ソフィア・ローレンのキッチンより愛をこめて』（山崎明美訳，サンケイ新聞社出版局，1974年）］

(9)　Al Baker, "For the Pizza Makers of Naples, A Tempest in a Pie Dish", *New York Times* (9 June 2004), p.2. において引用。

(10)　この小冊子は，*28 Recipes of Italian Home Cookery*（ローマ，発行の日付不明）

(11)　'La Spesa media limentare delle Famiglie Italiane', *Alimentazione Italiana*, anno 15 (May 1969), p.4. に引用されている ISTAT からのデータ。

(12) マンゴーニの調査については，Pamela Sheldon Johns, *Pizza Napoletana!* (Berkeley, CA, 1999), pp.13-14で読むことができる。
(13)「ナポリ・ピザ」の作り方のくわしい説明は，www.pizza.it/NotizieUtili/disciplinare-pizza-napoletana-doc.htm に掲載されている［現在アクセス不能］。
(14) ピザのボイコットの呼びかけについての詳細は，以下を参照。Paul Hoffman, 'A Pie of the People', *New York Times* (9 November 1997), p.TR33.
(15) See Francesco Alberoni, 'Natura e cultura. Nel cibo ci siamo noi, ovunque', *Corriere della Sera*, online edition (2 July 2007).

### 第2章　アメリカのピザ

(1) ピザ消費に関する統計データは次の文献に引用されている。Charles and Michele Scicolone, *Pizza: Any Way You Slice It* (New York, 1998), p.63.
(2) Donna Gabaccia, *We Are What We Eat* (Cambridge, MA, 1998), p. 3.
(3) Herbert Mitgang, 'Pizza a la Mode', *New York Times* (12 February 1956), p. SM133.
(4) Mitgang, 'Pizza a la Mode'.
(5) For frozen pizza manufacture, see Thomas Morrow, 'Cold War Looms: Pizza Pie vs. Hot Dog', *Chicago Daily Tribune* (3 August 1954), p. 18.
(6) See 'Army Spies Sent Pizza to Harass', Chicago Tribune (30 December 1970), p. 8.
(7) ピザ業界の「小さい」イメージの分析については，以下を参照。Robert Cross, 'Frozen Pizza is Your Friend', *Chicago Tribune* (12 November 1972), p.130.
(8) Peter Reinhart, *American Pie: My Search for the Perfect Pizza* (Berkeley, CA, 2003), pp. 57-8.

### 第3章　ピザは世界を征服する

(1) See Penny Pollack and Jeff Ruby, *Everybody Loves Pizza* (Cincinnati, OH, 2005), p. 43.
(2) See Thomas S. Dicke, *Franchising in America* (Chapel Hill, NC, 1992), p. 126.
(3) Wendy Zellner, 'Tom Monaghan: The Fun-Loving Prince of Pizza', *Business Week* (8 February 1988), p. 90.
(4) 職場の安全については，以下を参照。Eric Berg, 'Fight on Quick Pizza Delivery Grows', *New York Times* (29 August 1989), p.D1.
(5) ドミノ・ピザに対する訴訟については，以下を参照。Michael Janofsky,

'Domino's Ends Fast-Pizza Pledge after Big Award to Crash Victim', *New York Times* (22 December 1993), p.A1.

(6) ドミノ・ピザの売上については，以下を参照。Kenneth Hein, 'Struggling Domino's Tries the Customization Route', *Brandweek*, vol.48, issue 23 (4 June 2007), p.8.

## 第4章　ピザの未来

(1) See 'Ramsay Tops the Lot with his £100 Pizza', *The Scotsman*, online edition (11 October 2005), p. 66.

(2) See 'Chef Cooks £2,000 Valentine Pizza', *BBC News Online* (14 February 2007).

(3) Alberto Capatti and Massimo Montanari, *Italian Cuisine: A Cultural History*, trans. Aine O'Healy (New York, 2003), pp.153-4.

キャロル・ヘルストスキー（Carol Helstosky）
デンバー大学（アメリカ）歴史学准教授。19 ～ 20 世紀のヨーロッパ史，とくに食の歴史とイタリアの政治・文化史を専門とする。著書に『ニンニクと油――イタリアの政治と食 *Garlic and Oil: Politics and Food in Italy*』（2004），『地中海の食文化 *Food Culture in the Mediterranean*』（2009）がある。

田口未和（たぐち・みわ）
上智大学外国語学部卒。新聞社勤務を経て翻訳業に就く。『デジタルフォトグラフィ』（ガイアブックス），『インド 厄介な経済大国』（日経 BP 社），『フォト・ストーリー 英国の幽霊伝説：ナショナル・トラストの建物と怪奇現象』『図説　滝と人間の歴史』『図説　世界を変えた 50 の哲学』（以上，原書房），ほか訳書多数。

「食《しよく》」の図書館《としよかん》

**ピザの歴史《れきし》**

●

2015年8月24日　第1刷

**著者**……………キャロル・ヘルストスキー

**訳者**……………田口未和《たぐちみわ》

**装幀**……………佐々木正見

**発行者**……………成瀬雅人

**発行所**……………株式会社原書房

〒160-0022 東京都新宿区新宿1-25-13

電話・代表 03(3354)0685

振替・00150-6-151594

http://www.harashobo.co.jp

**印刷**……………新灯印刷株式会社

**製本**……………東京美術紙工協業組合



ISBN 978-4-562-05171-7, Printed in Japan

## パンの歴史 ≪「食」の図書館≫

ウィリアム・ルーベル／堤理華訳

変幻自在のパンの中には、よりよい食と暮らしを追い求めてきた人類の歴史がつまっている。多くのカラー図版とともに読み解く人とパンの６千年の物語。世界中のパンで作るレシピ付。

２０００円

## カレーの歴史 ≪「食」の図書館≫

コリーン・テイラー・セン／竹田円訳

「グローバル」という形容詞がふさわしいカレー。インド、イギリス、ヨーロッパ、南北アメリカ、アフリカ、アジア、日本など、世界中のカレーの歴史について豊富なカラー図版とともに楽しく読み解く。

２０００円

## キノコの歴史 ≪「食」の図書館≫

シンシア・D・バーテルセン／関根光宏訳

「神の食べもの」か「悪魔の食べもの」か？　キノコ自体の平易な解説はもちろん、採集・食べ方・保存、毒殺と中毒、宗教と幻覚、現代のキノコ産業についてまで述べた、キノコと人間の文化の歴史。

２０００円

## お茶の歴史 ≪「食」の図書館≫

ヘレン・サベリ／竹田円訳

中国、イギリス、インドの緑茶や紅茶のみならず、中央アジア、ロシア、トルコ、アフリカまで言及した、まさに「お茶の世界史」。日本茶、プラントハンター、ティーバッグ誕生秘話など、楽しい話題満載。

２０００円

## スパイスの歴史 ≪「食」の図書館≫

フレッド・ツァラ／竹田円訳

シナモン、コショウ、トウガラシなど５つの最重要スパイスに注目し、古代～大航海時代～現代まで、食はもちろん経済、戦争、科学など、世界を動かす原動力としてのスパイスのドラマチックな歴史を描く。

２０００円

**（価格は税別）**

## ミルクの歴史

《「食」の図書館》

ハンナ・ヴェルテン／堤理華訳

おいしいミルクには波瀾万丈の歴史があった。古代の搾乳法から美と健康の妙薬と珍重された時代、危険な「毒」と化したミルク産業誕生期の負の歴史、今日の隆盛までの人間とミルクの営みをグローバルに描く。　2000円

## ジャガイモの歴史

《「食」の図書館》

アンドルー・F・スミス／竹田円訳

南米原産のぶこつな食べものは、ヨーロッパの戦争や飢饉、アメリカ建国にも重要な影響を与えた！　波乱に満ちたジャガイモの歴史を豊富な写真と共に探検。ポテトチップス誕生秘話など楽しい話題も満載。　2000円

## スープの歴史

《「食」の図書館》

ジャネット・クラークソン／富永佐知子訳

石器時代や中世からインスタント製品全盛の現代までの歴史を豊富な写真とともに大研究。西洋と東洋のスープの決定的な違い、戦争との意外な関係ほか、最も基本的な料理「スープ」をおもしろく説き明かす。　2000円

## ビールの歴史

《「食」の図書館》

ギャビン・D・スミス／大間知知子訳

ビール造りは「女の仕事」だった古代、中世の時代から近代的なラガー・ビール誕生の時代、現代の隆盛までのビールの歩みを豊富な写真と共に描く。地ビールや各国ビール事情にもふれた、ビールの文化史！　2000円

## タマゴの歴史

《「食」の図書館》

ダイアン・トゥープス／村上彩訳

タマゴは単なる食べ物ではなく、完璧な形を持つ生命の根源、生命の象徴である。古代の調理法から最新のレシピまで人間とタマゴの関係を「食」から、芸術や工業デザインほか、文化史の視点までひも解く。　2000円

**（価格は税別）**

図説 世界史を変えた50の食物
ビル・プライス／井上廣美訳

大昔の狩猟採集時代にはじまって、未来の遺伝子組み換え食品にまでおよぶ、食物を紹介する魅力的で美しい案内書。砂糖が大西洋の奴隷貿易をどのように助長したのかなど、新たな発見がある一冊。 2800円

ニンジンでトロイア戦争に勝つ方法 上・下
世界を変えた20の野菜の歴史
レベッカ・ラップ／緒川久美子訳

トロイの木馬の中でギリシア人がニンジンをかじった理由は？ など、身近な野菜の起源、分類、栄養といった科学的側面をはじめ、歴史、迷信、伝説、文化まで驚きにみちたそのすべてが楽しくわかる。 各2000円

美食の歴史2000年
パトリス・ジェリネ／北村陽子訳

古代から未知なる食物を求めて、世界中を旅してきた人類。食は我々の習慣、生活様式を大きく変化させ、戦争の原因にもなった。様々な食材の古代から現代までの変遷や、芸術へと磨き上げた人々の歴史。 2800円

シャーロック・ホームズと見る ヴィクトリア朝英国の食卓と生活
関矢悦子

目玉焼きじゃないハムエッグや定番の燻製ニシン、各種お茶にアルコールの数々、面倒な結婚手続きや使用人事情、やっぱり揉めてる遺産相続まで、あの時代の市民生活をホームズ物語とともに調べてみました。 2400円

紅茶スパイ 英国人プラントハンター中国をゆく
サラ・ローズ／築地誠子訳

19世紀、中国がひた隠しにしてきた茶の製法とタネを入手するため、凄腕プラントハンターが中国奥地に潜入。激動の時代を背景に、ミステリアスな紅茶の歴史を描いた、面白さ抜群の歴史ノンフィクション！ 2400円

（価格は税別）